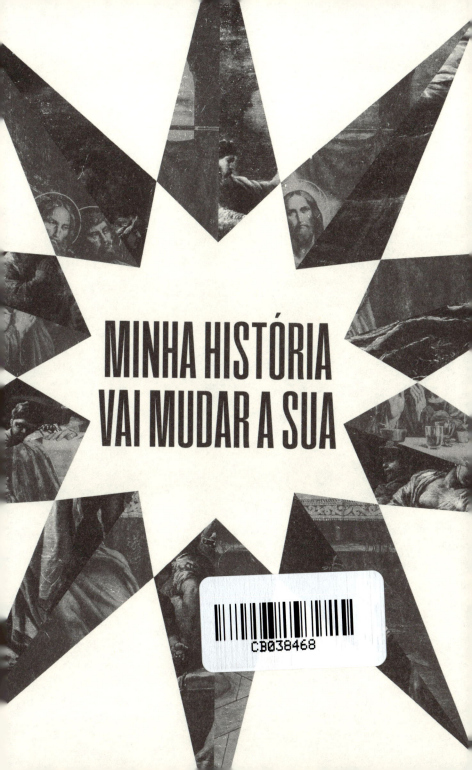

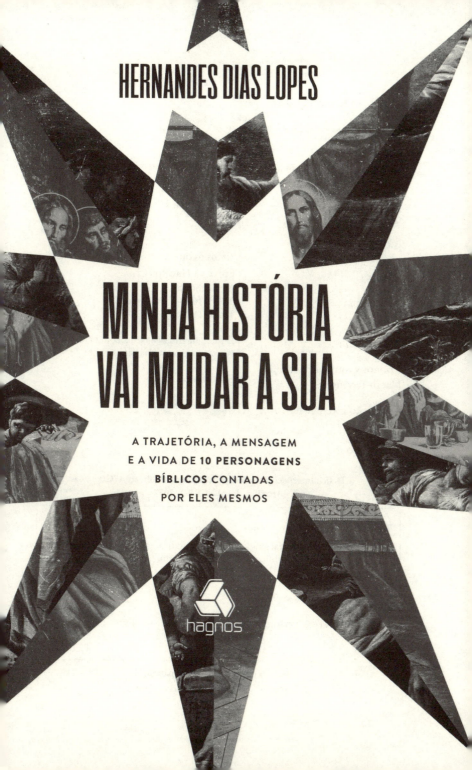

© 2021 por Hernandes Dias Lopes

1ª edição: maio de 2021

REVISÃO
Luiz Werneck Maia (copidesque)
Francine Torres (provas)

PROJETO GRÁFICO
Wesley Mendonça

DIAGRAMAÇÃO
Catia Soderi

CAPA
Rafael Brum

EDITOR
Aldo Menezes

COORDENADOR DE PRODUÇÃO
Mauro Terrengui

IMPRESSÃO E ACABAMENTO
Imprensa da Fé

As opiniões, as interpretações e os conceitos emitidos nesta obra são de responsabilidade dos autores e não refletem necessariamente o ponto de vista da Hagnos.

Todos os direitos desta edição reservados à
EDITORA HAGNOS LTDA.
Av. Jacinto Júlio, 27
04815-160 — São Paulo, SP
Tel.: (11) 5668-5668

E-mail: hagnos@hagnos.com.br
Home page: www.hagnos.com.br

Editora associada à:

Dados Internacionais de Catalogação na Publicação (CIP)
Angélica Ilacqua CRB-8/7057

Lopes, Hernandes Dias

    Minha história vai mudar a sua: a trajetória, a mensagem e a vida de 10 personagens bíblicos contadas por eles mesmos / Hernandes Dias Lopes. — São Paulo: Hagnos, 2021.

    ISBN 978-65-86048-90-2

    1. Bíblia NT 2. Personagens bíblicos – Ficção I. Título

21-1896   CDD-225

Índices para catálogo sistemático:
1. Bíblia NT – Personagens bíblicos – Ficção

Dedicatória

Dedico este livro à Ana Maria Prado, amiga preciosa, intercessora fiel, serva do Altíssimo, presidente da Sociedade Auxiliadora Feminina da Igreja Presbiteriana do Brasil, mulher segundo o coração de Deus.

Sumário

Prefácio 9

1. Eu sou José 13
2. Eu sou Elias 31
3. Eu sou Daniel 49
4. Eu sou João Batista 65
5. Eu sou a mulher cananeia 77
6. Eu sou Maria de Betânia 85
7. Eu sou Pilatos 99
8. Eu sou Pedro 109
9. Eu sou Paulo 135
10. Eu sou o apóstolo João 155

Prefácio

Este livro nasceu de forma despretensiosa. Era uma segunda-feira à tarde, quando eu já me preparava para participar do culto na Igreja Presbiteriana de Pinheiros. Tinha acabado de escrever um devocionário, chamado *Cada dia*, da Luz para o Caminho (LPC), sobre José do Egito. Então, uma frase me veio à mente: "Eu sou José". Imediatamente, abri meu computador e comecei a escrever sobre sua vida, colocando-me no seu lugar, debaixo de sua pele, sentindo as batidas do seu coração. Na semana seguinte eu preguei a mensagem intitulada "Eu sou José", e muitas pessoas me procuraram para dizer que foram impactadas com aquela nova maneira de abordar a vida daquele sonhador que se tornou governador do Egito.

Animei-me e escrevi, seguindo o mesmo estilo, sobre a vida de outras nove personalidades da Bíblia:

Elias, Daniel, João Batista, a mulher cananeia, Maria de Betânia, Pilatos, Pedro, Paulo e João. O resultado desse trabalho é o que você tem nas mãos, registrado neste livro.

Minha ardente expectativa é que você seja tão abençoado ao ler o texto como eu fui ao escrevê-lo. Acho que nos colocando no lugar da pessoa e narrando os acontecimentos nessa perspectiva, a história ganha mais cor e mais emoção. Quem sabe, essas biografias narradas aqui não possam ser lidas à cabeceira da cama, para os filhos pequenos ou mesmo para os netos.

Está aqui apenas uma semente. Espero que você se anime a dar continuidade a este trabalho e escreva também, nesse mesmo viés, outras histórias para encorajar as pessoas e despertar nelas interesse pelas narrativas bíblicas.

Ao ler sobre cada personagem, transporte-se para aquele tempo, para aquela geografia, e viva com intensidade as emoções, como se lá estivesse, não apenas como testemunha dos fatos, mas também como protagonista dos acontecimentos. Deixe seu coração bater no mesmo compasso do coração da pessoa sobre a qual estará lendo, veja tudo com os olhos dela,

Prefácio

a ponto de fazer dessa experiência uma linda viagem rumo ao passado e uma ousada aventura com Deus e com os homens.

Boa leitura!

Hernandes Dias Lopes

1 EU SOU JOSÉ

Meu bisavô Abraão vivia há muitos anos em Ur dos caldeus. Pertencia a um povo idólatra, mas Deus resolveu tirá-lo dessa terra de densa idolatria para ser o pai dos que creem. Deus prometeu fazer dele uma grande nação e abençoar por meio dele todas as famílias da terra.

Meu bisavô obedeceu prontamente e partiu sem saber para onde ia. Só tinha um problema — minha bisavó, Sara, era estéril. Como eles poderiam ser, então, os progenitores de uma grande descendência? Eles esperaram vinte e cinco anos pelo cumprimento dessa promessa. Quando já parecia impossível o cumprimento do que Deus havia falado, pasme você, minha bisavó ficou grávida. Nasceu, então, um lindo menino, e logo puseram nele o nome de Isaque. Ah, que festa foi naquela casa! Foi uma espécie de ressurreição dos sonhos. Meu avô Isaque foi criado com tanto mimo que, quando ele desmamou, meu bisavô deu uma festa.

Meu avô foi um homem muito manso. Ele era um jovem pacato. Foi preciso que meu bisavô enviasse seu servo, Eliezer, à terra de nossa parentela para buscar uma jovem com quem ele se casaria. Ele já estava com quarenta anos, mas tinha a consciência de que o casamento devia ser com uma jovem que tivesse a mesma crença e os mesmos valores de seus pais. Por providência divina e em resposta às orações, Rebeca, uma jovem bela e diligente foi encontrada e aceitou sair da casa de seus pais para ser a esposa de meu avô. Foi amor à primeira vista.

Minha avó Rebeca também era estéril e meu avô Isaque orou por ela durante vinte anos, até que Deus abriu sua madre. Que alegria! Enfim, as promessas de Deus estavam se cumprindo mais uma vez. A gravidez de minha avó não foi nada fácil. Havia dentro de seu ventre dois meninos, aliás, duas nações. E pasme, já estavam em conflito mesmo no ventre. Diante da tristeza da minha avó, Deus a consolou dizendo que ela seria mãe de duas nações, mas o filho mais velho serviria o mais moço.

Quando os meninos foram dados à luz, meu pai Jacó segurava o calcanhar do meu tio Esaú. Meu pai cresceu para ser o xodó da vovó, e meu tio Esaú era o filho predileto do vovô. Meus avós não tiveram muita sabedoria para educar os filhos. Criaram disputa no coração deles em vez de cultivar amizade entre eles. Meu tio Esaú era um homem ímpio e não levava as coisas de Deus a sério. Chegou até mesmo a vender seu direito de primogenitura por um prato de lentilhas.

Um dia, o vovô Isaque resolveu desobedecer a orientação divina. Chamou meu tio Esaú para trazer-lhe um prato saboroso, a fim de abençoá-lo. Vovô sabia acerca do que Deus havia dito antes mesmo de os filhos nascerem: "o mais velho será servo do mais moço". Minha avó, que já escutava a conversa "atrás da porta", chamou meu pai Jacó e disse para ele passar-se por Esaú, a fim de receber a bênção no lugar do meu tio. Meu pai ficou estressado e disse para minha avó que isso não ia dar certo. Mas, com a insistência dela, acabou cedendo. Meu pai vestiu as roupas do meu tio e fingiu ser ele, e meu avô, que já não enxergava direito, o abençoou como se estivesse abençoando Esaú. Foi uma tragédia! Quando meu tio chegou do campo, ficou muito irado e chegou até a dizer que quando meu avô morresse ele mataria meu pai. Minha avó, desesperada, deu ordens a meu pai para sair de casa e passar uns tempos na casa de Labão, seu irmão.

Meu pai não era mais um jovenzinho nesse tempo. Ele já tinha setenta e sete anos, e com essa idade ainda era solteiro. Com essa idade, saiu de casa depois de enganar vovô e trair o meu tio. Uma tempestade desabou sobre sua alma. Na mesma noite que saiu de casa, porém, Deus apareceu para ele em sonhos. Revelou-se a ele como o Deus de meu bisavô Abraão e como o Deus do meu avô Isaque. Meu pai ouviu promessas de Deus e fez também algumas a ele. Foi uma experiência linda naquela noite. Quando acordou chamou aquele lugar de Betel, casa de Deus. Ali meu pai conheceu a casa de Deus, mas ainda não era um homem convertido.

Deus foi tão bom com o meu pai, que ele encontrou a casa de Labão e ali ele constituiu família. Labão, o sogro do meu pai e meu avô materno, era um homem sagaz e se aproveitou do meu pai — o enganou e o explorou. Meu pai teve de trabalhar sete anos para se casar com Raquel, minha mãe. E no dia das núpcias meu pai foi enganado, pois astuciosamente introduziram na recâmara nupcial a minha tia Lia. Coitada da tia Lia; ela não era fisicamente tão bonita como minha mãe Raquel. Todo o amor de Jacó, meu pai, era dedicado a Raquel, minha mãe. Por isso, quando meu pai acordou no dia seguinte e viu Lia, e não Raquel do seu lado, ficou muito bravo. Precisou trabalhar por mais sete anos para obter a permissão de se casar com minha mãe Raquel.

Papai acabou tendo quatro mulheres: Lia, mamãe, e, de quebra, duas concubinas, Bila e Zilpa, servas de minha tia e da minha mãe. Passaram-se vinte anos e papai ficou muito rico. Nasceram-lhe muitos filhos. Meu avô e tios maternos já não falavam direito com ele. Papai entendeu que era hora de voltar para a terra de seus pais. Minha mãe e as outras mulheres do meu pai concordaram. Então, fugiram escondidos de meu avô materno. Juntaram a filharada e os rebanhos e partiram. Não deu outra — quando Labão, meu avô, soube, ficou muito irado e partiu para cima do papai para levá-lo de volta. Não fosse um anjo do Senhor tê-lo barrado no caminho, a ira do meu avô contra meu pai poderia ter causado consequências terríveis. Essa intervenção do anjo arrefeceu a ira ardente do vovô. Depois de algumas farpas no caminho, enfim se reconciliaram. Fizeram as pazes, comeram juntos e meu avô deixou alguns conselhos para o meu pai.

Ah, estava me esquecendo. Papai voltou para sua terra seis anos depois de eu ter nascido. Minha mãe era a sua amada, porém era estéril e custou para ela engravidar. Nas horas de angústia, minha mãe chegava a dizer para o meu pai: "Dá-me filhos, se não morrerei". Deus fez um milagre na vida de minha mãe e eu nasci. Pasme você, quando eu nasci papai já estava com noventa e um anos. Nem é preciso dizer que me tornei o seu filho predileto. Isso me custou um preço muito alto. Meus irmãos não gostaram dessa predileção. Papai até me deu uma túnica de mangas compridas. Ah, aquela túnica deu o que falar! Meus irmãos não suportavam me ver com aquela roupa especial, de mangas compridas.

Minha mãe estava explodindo de alegria. Estava grávida de novo. Meu irmãozinho estava para nascer. A expectativa era enorme. Ah, que coisa triste! Quando nasceu Benjamim, o caçula do papai, mamãe morreu no parto. Houve muito choro e muita dor, sobretudo para papai e para mim. Mas papai se recompôs, transferindo seu afeto por minha mãe para mim e para Benjamim, meu irmão. É claro que meus outros irmãos não gostaram nada disso.

Eu já estava com dezessete anos. Na minha família, todos éramos pastores. Meu pai tinha muitos rebanhos e todos nós trabalhávamos juntos. Por ser ainda muito jovem, papai me enviava na companhia dos meus irmãos, filhos de Bila e Zilpa. Aqueles moços não eram flor que se cheira. Faziam muitas coisas erradas longe dos olhos do papai. Eu me sentia na obrigação de avisá-lo sobre o mau comportamento deles.

No meio de tudo isso, eu comecei a ter uns sonhos muito estranhos. Neles, minha família se curvava diante de mim. Achei que não tinha problema compartilhá-los com minha família. Se a coisa já estava ruim por causa da túnica que eu usava, piorou ainda mais quando contei meus sonhos para meu pai e para meus irmãos, que, com ciúmes de mim, passaram a me odiar. Papai, porém, apenas guardava essas coisas no coração.

Um dia minha vida deu uma guinada de cento e oitenta graus. Papai me mandou ao encontro de meus irmãos em Siquém para saber notícias deles e dos rebanhos. Ele sabia que eles não gostavam muito de mim, mas jamais imaginava que pudessem me fazer mal. Eu, sem qualquer maldade, fui procurá-los. Até me perdi no deserto. Um homem me informou que meus irmãos tinham ido para Dotã, outra região. Não titubeei. Parti rumo a Dotã para vê-los, o que me deixou muito alegre. Faziam muitos dias que estavam fora de casa.

Ah, que surpresa desagradável! Quando eu cheguei, pegaram-me à força, arrancaram com toda violência a minha túnica e me jogaram num poço fundo. Pensei que fosse morrer. Gritei por socorro. Chorei. Que nada! Eles estavam comendo e não se importaram com os meus gritos desesperados. Meu irmão Ruben até planejou me tirar daquele buraco e me mandar de volta para o meu pai. Quando meu irmão Judá viu que o papo entre os meus irmãos era para me matar, ele teve uma sacada inteligente. "Matar José não vai resolver nada. E, além do mais, ele é nosso irmão, e o sangue dele estará em nossas mãos", pensou. Então sugeriu que eu fosse vendido para uma caravana de midianitas que estava indo para o Egito.

Os demais discutiram o assunto e concordaram com Judá. Fui vendido por vinte ciclos de prata. Senti-me um objeto descartável. Meus irmãos não tiveram pena de mim. Fui arrastado estrada afora para um lugar muito distante, ao qual eu nunca tinha ido. Fiquei pensando o que seria de mim. "E o meu pai, como vai se sentir em não me ver retornando para casa? Será que meus irmãos vão contar para ele o que aconteceu? Será que meu pai vai me procurar?" Vivi muitos anos perturbado com essas perguntas.

Fiz uma longa viagem pelo deserto. Quando cheguei ao Egito, fui revendido. Um homem chamado Potifar me comprou. Ele era oficial da guarda pessoal do faraó. Pelo menos fui para uma boa casa. Deus não me desamparou. Ele esteve do meu lado, nas noites mais escuras da minha alma. Que saudades eu sentia do meu pai e do meu irmão Benjamim. Papai estava com cento e oito anos nessa época. Ele devia estar chorando e sofrendo muito. Tudo isso me atormentava.

Não tardou para que meu patrão e dono visse em mim um jovem especial. Deus abençoava tudo o que eu punha as mãos. Então Potifar me confiou todos os negócios de sua casa e de seu campo. Tornei-me um mordomo da casa. Ah, eu via a bênção de Deus fluindo de minhas mãos. Os bens do meu senhor cresciam. Seus negócios iam de vento em popa. Quanto mais Deus abençoava a casa de Potifar por amor de mim, mais confiança ele tinha no meu trabalho. Deixei de ser um escravo para ser o administrador da casa de meu senhor.

Os meus dias de calma, porém, estavam contados. A mulher de Potifar começou a me olhar de maneira estranha. Furtivamente ele me secava com os olhos. Percebia que alguma coisa estava errada. Até o dia que fiquei muito assustado. Ela, sem qualquer rodeio, chamou-me num canto e disse: "José deita-te comigo". Parece que o mundo desabou sobre a minha cabeça. Embora jovem, eu sabia que estava diante de um grande perigo. Fui firme, dizendo que ir para a cama com ela seria trair a confiança do meu senhor. Seria, na verdade, uma grande maldade com ele. E mais, seria um grave pecado contra Deus. Mas a mulher não desistiu.

Todo dia ela me falava a mesma coisa: "José, deita-te comigo". Eu até evitava ficar naquela casa para não sofrer esse tipo de assédio. Teve um dia, porém, que precisei ir lá para atender a demanda dos negócios. Ah, ela estava me esperando para me dar um bote fatal. Ela sedutoramente agarrou-me pelas vestes e disse de novo: "José, deita-me comigo". Não vi outra saída senão deixar minhas roupas nas mãos dela e sair correndo para fora. Não tive nenhuma vergonha de fugir. Eu sabia que nessa área não se pode brincar. Ser forte é fugir, e foi o que eu fiz.

Eu não me arrependo. Ela, furiosamente me acusou para os homens da casa, e, mais tarde, para seu marido.

Ela inverteu os fatos. Disse para todo mundo que eu havia abusado dela, pagando o bem com o mal. Foi uma tragédia. Ela tinha minhas roupas em suas mãos. As circunstâncias me eram desfavoráveis, mas a minha consciência estava em paz. A minha inocência me fortaleceu para suportar todas as acusações que sofri.

Potifar ficou muito irado comigo e me mandou para o cárcere. Ah, que dor foi para mim ser odiado pelos meus irmãos, ser vendido por eles e agora ser acusado injustamente. Parece que meus sonhos estavam virando um pesadelo. Acostumado com todo o conforto que tinha na casa do meu pai e na casa do meu senhor, agora estava num cárcere.

Os melhores anos de minha juventude eu passei dentro daquela prisão. Por bondade, o Senhor era comigo no cárcere. Logo o carcereiro começou a perceber que tudo que eu punha as mãos Deus abençoava. Ele então me confiou a administração de todos os presos. Foi lindo o cuidado de Deus por mim mesmo naquela circunstância adversa.

Eu já estava com vinte e oito anos, ou seja, onze anos desde que meus irmãos haviam me vendido. Nesse tempo dois prisioneiros de faraó tiveram sonhos na prisão, mas ninguém foi capaz de interpretá-los.

Deus me deu entendimento, interpretei os sonhos e eles se cumpriram literalmente. Roguei ao copeiro do faraó para lembrar-se de mim quando saísse do cárcere, mas que nada... Ele se esqueceu de mim, e fiquei amargando mais dois anos naquela prisão insalubre.

Muitas vezes eu não conseguia entender qual era o plano de Deus. Ano após ano e eu ali, vivendo entre prisioneiros como um prisioneiro. Eu nem sabia que nessa providência carrancuda havia uma face sorridente. Deus estava escrevendo nesse tempo o capítulo mais emocionante da minha vida.

Eu ainda estava preso quando o faraó teve dois sonhos. Os magos do Egito não conseguiram interpretá-los. Nesse momento, o copeiro falou para ele do sonho que eu havia interpretado na prisão e como tudo acontecera do jeito que eu havia falado. O faraó me chamou e eu, por bondade de Deus, tive discernimento do seu sonho e o interpretei. Ah, o faraó não teve dúvida. Confiou em mim. Seus dois sonhos tinham o mesmo significado. Tratava-se dos quatorze anos que estavam por vir: sete de fartura e sete de fome.

Eu orientei ao faraó o que deveria ser feito nesses anos de fartura para prevenir e suprir o povo nos tempos de escassez. Ele resolveu nomear-me governador do Egito e colocar-me como administrador de tudo no seu vasto império. Nunca que eu podia imaginar uma coisa dessas! Saí da prisão para ser o segundo homem do Egito, abaixo apenas do faraó.

O rei me fez andar de carruagem real num cortejo por todo o Egito e ordenou que todos me prestassem reverência. Deu-me seu sinete, que é um anel para selar documentos oficiais, e colocou em mim vestes de linho. Deu-me uma esposa linda e então comecei a visitar todas as terras do Egito, construindo celeiros e fazendo muitos investimentos para armazenar cereais naquele tempo de fartura.

O plano foi um sucesso. Juntamos tanto cereal que nem podíamos contar. Estávamos preparados para os anos de fome. E eles chegaram. Ela atingiu o Egito e todas as outras terras, incluindo a de minha família. Papai tinha dinheiro, mas não tinha alimento. Meus irmãos foram parar no Egito para comprá-lo. Quando chegaram, eu os reconheci, mas eles não sabiam quem eu era. Fiquei muito emocionado, mas não me dei a conhecer a eles. Não tinha mágoas. Aliás, eu já tinha dado o nome de Manassés — "esquecimento" — a meu filho primogênito porque Deus me fizera esquecer as tristezas que tive com minha família.

Eu precisava aguardar a hora certa de me revelar para meus irmãos. Sabe o que eu fiz? Mandei-os de volta com alimento para sua terra, mas fiquei com meu irmão Simeão no Egito. Isso era para mim garantia de que voltariam. Minha exigência é que não poderiam voltar sem trazer o irmão caçula. Era Benjamim, meu amado irmão. Que saudades dele!

O dinheiro que trouxeram para comprar alimento, eu devolvi na boca da bolsa de cada um deles. Queria com isso colocar uma pulga atrás da orelha deles. De certa forma me senti muito feliz em saber que papai e meus irmãos não pereceriam de fome naqueles anos de sequidão.

Como a fome apertava na terra, meus irmãos precisaram voltar. Soube que papai relutou muito em enviar Benjamim. Na cabeça dele eu já estava morto. E se Benjamim fosse retido no Egito como fora Simeão, então a vida perderia qualquer sabor para ele. Ah, que emoção quando vi meus irmãos chegando. Quando bati os olhos em Benjamim, meu coração pulou dentro do meu peito. Por pouco eu não estragava a surpresa. Precisei me controlar.

Armei uma para cima dos meus irmãos. Dei um banquete para eles e na despedida mandei colocar escondido o meu copo de prata na boca da bolsa de Benjamim. Quando eles já estavam a caminho de casa, mandei meus soldados atrás deles, acusando-os de terem roubado astuciosamente meu copo. Eles todos protestaram inocência. Meus soldados estavam instruídos: aquele em cuja bolsa estiver o copo, voltará para o Egito como escravo.

Houve um alívio entre eles, pois sabiam que eram inocentes dessa acusação. Abriram todas as bolsas e nada. Quando abriram a de Benjamim, lá estava o copo. Ah, que desespero! Pensaram: "Se voltarmos para casa sem Benjamim, papai morre de tristeza e desgosto". Então voltaram todos a mim e se humilharam até ao chão. Sentiram-se culpados. A consciência deles começou a açoitá-los e se lembraram do que tinham feito comigo há mais de vinte anos.

Eu não estava aguentando mais. Por dentro eu estava derretendo com fortes emoções. Então fiz todos saírem da sala, exceto meus irmãos e me declarei a eles. Disse-lhes: "Eu sou José! Olha o que Deus fez. Não foram vocês que me venderam para o Egito. Foi Deus quem me trouxe na frente de vocês a fim de todos agora poderem viver". Eu me lancei nos braços de Benjamim e todos nós choramos ruidosamente num misto de espanto e alegria.

Eu mandei carruagens com muito alimento para papai e todo o restante da família. Queria todos bem perto de mim. Fiquei imaginando a alegria do papai ao saber da notícia que eu, além de não estar morto, ainda era o governador do Egito. Pedi a meus irmãos para não irem brigando pelo caminho. Não era tempo de lamentar, mas de agradecer a providência divina.

Soube que papai nem acreditou quando meus irmãos contaram para ele. Porém, quando viu os carros em vez dos jumentos, seus olhos brilharam e ele se apressou em vir ao meu encontro. Eu contei os dias e as horas. Quando papai chegou, eu fui até ele e me lancei em seu pescoço, e nós choramos muito. Que emoção! Que dia! Disse para meu pai que eu cuidaria dele e de meus irmãos, dando-lhes pão e o melhor da terra do Egito. Papai disse que agora podia morrer. Que nada! Ele ainda viveu entre nós por mais dezessete anos. Apresentei papai ao faraó e ele o abençoou. Então o faraó designou para minha família a terra de Gosén e até nomeou meus irmãos para cuidarem de seus rebanhos.

Papai, antes de morrer aos cento e quarenta e sete anos, chamou seus filhos, meus irmãos, e abençoou um por um. Disse para mim que eu era um ramo frutífero junto à fonte, cujos galhos se estendem sobre o muro. Fiquei muito feliz com essa profecia de meu pai. Reconheço mesmo que por onde passei, Deus me fez frutificar. O segredo de tudo era a presença de Deus comigo. Pude ser uma bênção na minha casa e fora dela.

Depois que papai morreu, meus irmãos ficaram preocupados que eu fosse vingar-me deles. Que bobagem! Disse para eles que eu não estava no lugar de Deus. Muito embora eles tenham intentado o mal contra mim, Deus o transformara em bênção para a preservação da vida de muita gente. Eu tinha clara compreensão disso. Por isso, quando meu segundo filho nasceu, coloquei o nome dele de Efraim, que significa "Deus me fez prosperar na terra da minha aflição".

Pude ver em todas as coisas a mão de Deus me guiando. Na verdade, minha vida era apenas um tipo daquele que viria mais tarde, dois mil anos depois de mim, o Salvador do mundo, que abriria os celeiros da graça, e Ele mesmo, como pão da vida, daria aos famintos a vida eterna. Oh, que plano glorioso! Vivi cento e dez anos. Fui fiel ao meu Deus na casa do meu pai, na casa do meu senhor, na prisão e no palácio do faraó. Paguei o mal com o bem e Deus me conduziu em triunfo. Valeu a pena viver na presença de Deus e para a glória dele.

VÁ DIRETO À FONTE

Gênesis 30:3-8, 22-24; 35:24; 37; 39—50

2 EU SOU ELIAS

Eu quero compartilhar com você um pouco da minha história. É claro que tem muita coisa que não vou conseguir detalhar, mas espero que o meu testemunho os desafie a confiar em Deus, especialmente nesse tempo de crise em que você vive.

Minha história começa num tempo de grande angústia na trajetória do meu povo. Já se iam longe os dias áureos de Israel. Lembro-me das histórias que me contavam acerca de Davi e de seu zelo por Deus; de Salomão e de sua sabedoria e riqueza. Depois desses anos dourados, meu povo caiu numa grande decadência política e religiosa. O reino foi dividido. Nossas doze tribos, como um manto, foram rasgadas. Dez tribos não se conformaram com as decisões tomadas por Roboão, filho de Salomão, e seguiram a liderança cismática de Jeroboão I. Somente Benjamim e Judá ficaram firmes em sua lealdade à dinastia davídica.

Aqueles dias não foram nada fáceis. As dez tribos do Norte formaram um novo reino, com um novo rei, com uma nova capital (Samaria), e até criaram novos templos, com novos sacerdotes e nova liturgia. Foram muitas mudanças e mudanças para pior. Esse novo reino foi chamado de Israel.

Ah, que tempo difícil! Cada rei que ascendia ao poder irritava mais e mais a Deus com seus pecados, além de induzir o povo à idolatria. A violência vinha do topo do poder. Havia conspiração nas mais altas rodas da política. Reis eram assassinados, e o assassino, em vez de ser preso, pasme, ocupava o trono. Além de violência, os reis promoveram também o abandono da fé. A apostasia vinha do próprio palácio. Os reis disseminavam as falsas crenças. O povo gemia debaixo da truculência desses governantes apóstatas e cruéis.

Quando Deus me chamou para ser um profeta, tive que enfrentar o pior rei de Israel. Era Acabe, filho de Onri. Pense num homem mau! Para piorar a situação, ele se casou com uma mulher terrível, pior do que ele. A rainha era Jezabel. Ah, essa mulher! Ela foi um demônio debaixo de pele humana. Impôs à força o culto a Baal em nossa terra e perseguiu e matou os profetas de Deus. Foi muito sofrimento. Muito sangue derramado. Muita angústia. Não havia paz naquele tempo. Os servos de Deus eram caçados como se fossem animais selvagens. Precisavam se esconder nas covas para sobreviver.

Às vezes eu não consigo entender o modo de Deus agir. Porque foi exatamente nesse tempo que Ele me levantou para ser um profeta. Talvez você pense que eu era um super-homem. Que nada! Eu era um homem comum, sujeito aos mesmos sentimentos que os demais. Senti medo. Fui pessimista. Fugi. Entrei numa caverna e até pedi a Deus a morte.

Se você pensa que Deus me escolheu pelos meus títulos, está muito enganado. Quem eu era? Eu era um João Ninguém. Morava num lugarzinho desconhecido chamado Tisbé. O lugar era tão pequeno que nem aparecia no mapa. Não sabe onde fica? Fica lá na cordilheira das montanhas de Gileade. Meus pais também eram pessoas sem qualquer destaque na sociedade.

Na verdade, eu vim de uma família desconhecida e de um lugar inexpressivo. Eu mesmo era um homem totalmente desimportante. Não vim de uma escola de profetas nem da classe sacerdotal. Era um homem pobre, de uma família pobre, mas Deus quis me levantar para ser profeta nesse tempo. Ele sempre faz essas coisas: chama aqueles que não são para envergonhar os que são.

Pasme você, eu comecei meu ministério indo ao palácio do rei Acabe para entregar-lhe uma mensagem. Nesse tempo, todo mundo o temia. Entretanto Deus me revestiu de forças e eu parti para o palácio. Que lugar bonito! Era muita pompa! Logo eu que passei minha vida toda num lugarejo tão pequeno, estava ali começando meu ministério pregando para o rei, no palácio dele!

Sabe de uma coisa? Eu compreendi que Deus não precisa de estrelas para fazer sua obra. Ele pode usar gente simples como você e eu. Agora eu estava ali, um matuto, na capital Samaria, confrontando o rei Acabe no seu próprio palácio. É claro que eu não quis impressioná-lo exaltando a mim mesmo. Ao contrário, disse a ele que estava na presença de Deus e que trazia uma mensagem de juízo para ele e para toda a nação. Minha palavra não era nada popular. Sabia que isso iria contrariar muito o rei e a sua perversa mulher, Jezabel.

Eu encarei o rei Acabe e, na cara dele, disse firmemente: "Segundo a minha palavra, rei, nos próximos anos não vai cair chuva nem orvalho em Israel". Mas por que Deus me mandou dizer essas coisas a Acabe? Porque o povo acreditava que os frutos do campo e as crias das ovelhas vinham de Baal. Eu sabia que Deus, ao fechar as torneiras do céu, retendo chuva e orvalho, quebraria as pernas de Baal. Esse ídolo era o padroeiro da prosperidade. Sabe o que Deus fez? Fechou mesmo as janelas do céu! Parou de chover. Nem o orvalho que cai toda noite continuou a cair. Os céus julgaram a terra. Deus estava castigando o perverso rei Acabe e o seu reino. A fome passou a dominar no campo e na cidade.

Por que eu tinha tanta convicção que minha palavra iria se cumprir? Porque eu sabia que Deus responde as orações! Eu orei para não chover e não choveu! Eu sempre tive a convicção de que antes de nos levantarmos diante dos homens, precisamos nos curvar diante de Deus. Antes de prevalecermos em público diante dos homens, precisamos prevalecer em secreto diante de Deus. Só prega com poder aos homens quem ora com humildade ao Deus Todo-poderoso.

Imagine você que o rei ficou muito alarmado com a minha palavra. Sem chuva toda a economia do reino entraria em colapso. A sobrevivência dos governantes e dos governados dependia da lavoura e dos rebanhos. Fique certo, depois daquele dia as chuvas foram mesmo retidas. De noite, nenhuma gota de orvalho! O sol causticante e implacável fazia murchar e perecer a relva do campo. As fontes começaram a secar. O gado começou a passar fome. Os campos não produziam mais. A credibilidade de Baal estava arrasada. As pessoas gritavam por ele, mas nada. Era apenas um ídolo. O povo tinha sido enganado.

Você pode me perguntar: e você, Elias, onde estava nesse tempo? Pasme! Deus me deu uma ordem, logo que saí do palácio, para me esconder junto à fonte de Querite, fronteiriça ao Jordão. Eu bebia da torrente, e todo dia Deus mandava garçons voadores, os corvos, para me trazer pão e carne. Foi uma experiência e tanto! Nem podia acreditar que esse milagre diário estava diante dos meus olhos.

Preciso confessar que não foi fácil para mim, porque a região era deserta. E eu estava ali escondido da fúria do rei Acabe e de Jezabel, sua mulher. Para falar a verdade, o deserto sempre nos humilha. Ele nos reduz a nada. Compreendi, porém, uma coisa: o deserto não era um acidente na minha vida, mas a escola superior do Espírito Santo onde Deus estava me treinando para coisas maiores. Ali no deserto, precisei entender uma importante lição: Deus queria trabalhar na minha vida antes de trabalhar por meio de minha vida. É claro que Deus está mais interessado em quem nós somos do que naquilo que fazemos.

Eu aprendi outra importante lição: nesse tempo eu precisei depender mais do provedor do que da provisão. Ou eu confiava em Deus ou pereceria. Sabe de uma coisa? A fonte da qual eu bebia secou. E agora? O que fazer? Aprendi de novo: quando a nossa fonte seca, Deus sabe onde estamos, para onde devemos ir e o que devemos fazer. A nossa fonte pode secar, mas os mananciais de Deus continuam jorrando. A nossa despensa pode ficar vazia, mas os celeiros de Deus continuam cheios. Concluí que Deus estava me capacitando no estágio da escola do deserto porque haveria de me matricular num curso mais avançado de treinamento. E foi o que aconteceu.

Deus me mandou sair de Querite e ir a Sarepta, há mais de cem quilômetros, já fora do território de Israel. O problema é que a essa altura eu sabia que o rei Acabe devia estar muito furioso comigo. Na verdade, ele me procurava vivo ou morto em Israel e em nações vizinhas.

Para mim estava claro que sair desse esconderijo era botar minha cabeça a prêmio. Mas eu tinha que confiar em Deus e obedecer. E foi o que eu fiz. Saí de Querite e rumei para Sarepta. Estava convencido de que o Deus que me enviava era o Deus que havia de me proteger.

Estava me esquecendo de dizer que Deus não só me mandou para Sarepta, mas também me disse que lá uma mulher viúva me sustentaria. Gente, deixe-me dizer uma coisa: a palavra Sarepta significa "fornalha". Deus estava me tirando do deserto e me jogando no fogo. Sabia que o treinamento de Deus seria mais intensivo. Não cabia a mim duvidar de Deus nem discutir com Ele. Eu só obedeci. Eu até cheguei a pensar que se fosse para sustentar uma mulher viúva eu teria um ministério, mas ser sustentado por uma mulher viúva, num tempo de fome, era uma forma de Deus continuar trabalhando na minha vida.

Pasme você, quando eu cheguei a Sarepta, a viúva que iria me dar comida estava morrendo de fome com seu filho único. Ah, que dor em meu coração! Mas, como sabia que Deus estava nesse negócio, pedi à mulher para fazer um bolo para mim. Ela argumentou que só tinha provisão para a última refeição e depois morreria de fome com seu filho. Contra-argumentei com ela, para confiar na minha palavra e fazer o bolo para mim. Sabe o que aconteceu? Um milagre! O azeite se multiplicou na sua botija e a farinha, na sua panela. Todo dia que aquela viúva ia fazer a comida, via um milagre novo diante dos seus olhos. Ah, Deus é assim. Nunca dá uma ordem para nós sem dar as condições para que essa ordem se cumpra. Ele continua sendo o mesmo Deus, multiplicando a farinha em sua panela e o azeite em sua botija!

Eu estava muito feliz de ver tantos milagres acontecendo diante dos meus olhos, quando fui tomado de surpresa e abalado com uma notícia. O filho da viúva adoeceu e não teve jeito: acabou morrendo. Ah, que cena triste! Ver aquela mãe desesperada. Aquele filho único era a sua esperança de ver sua descendência se perpetuar na história. Era também sua segurança na velhice. A viúva de Sarepta estava desolada.

Coitada, seu sofrimento era tão grande que precisou encontrar alguém para culpar por aquela grande perda e tragédia. Pasme você, ela colocou a culpa da morte de seu filho sobre mim. Não tentei discutir com ela nem me defendi. Ela já estava muito machucada pela morte do filho. Para que esmagar uma cana que já está quebrada? Não, eu fiquei em silêncio e não me defendi. Mas uma coisa eu fiz: peguei o corpo gelado do menino morto e levei para o meu quarto. Eu que estava em silêncio diante daquela mãe aflita, abri a boca para falar com Deus. Ah, com que intensidade eu orei! Eu me estendi sobre o corpo do menino morto. Clamei a Deus com todo o fervor da minha alma.

Eu não aguentava mais ver tanto sofrimento nos olhos daquela viúva. Tive ousadia até mesmo de pedir para Deus trazer de volta a vida daquele menino. Eu sabia que nunca havia acontecido sequer uma ressurreição na história. Mas, como já tinha experiência de como Deus fazia milagres em resposta às minhas orações, eu orei, orei e orei. Ah, como foi lindo! Que coisa gloriosa! Deus ouviu a minha oração e ressuscitou o menino. Foi uma alegria inexplicável. Eu saí do quarto da oração com o menino vivo em minhas mãos. Eu não sabia se chorava de emoção ou se eu gritava de alegria.

Imagine você a emoção da mãe ao me ver com seu filho vivo nos braços! Ela prorrompeu em choro de gratidão. Ela abraçava e beijava seu filho. E então, com um semblante sereno e com os olhos cheios de brilho, disse-me: "Ah, Elias, agora eu sei que você é um homem de Deus. Sei que a palavra de Deus é verdade em sua boca".

Nesse momento, parei um pouco para refletir. Sabia que Deus estava me honrando. Ah, como sou grato por ser reconhecido como homem de Deus! Que privilégio poder abrir a boca e falar a palavra de Deus e essa palavra ser tão poderosa na vida de tanta gente. Ah, como agradeci ao Senhor por entender que muito pode em seus efeitos a súplica do justo!

O treinamento de Deus no deserto e na fornalha tinha um propósito. Deus estava me treinando três anos e meio para me usar num único dia. E foi o que aconteceu! Deus me mandou voltar para Israel e comparecer diante de Acabe, porque o Senhor daria chuva sobre a terra. É claro que eu sabia dos riscos dessa jornada. Tinha informações de que os profetas de Deus estavam sendo perseguidos e mortos na minha terra. Mas, se Deus mandou, era hora de obedecer. E eu parti para Israel.

Quando o rei Acabe me viu, foi logo me acusando de ser o perturbador de Israel. Ah, eu não tive dúvida nem medo. Disse para aquele rei perverso que ele e sua casa é que estavam transtornando Israel com a sua abominável idolatria. A casa real, e não eu, era responsável por todo aquele juízo divino sobre a nação.

Mandei o rei Acabe juntar no monte Carmelo todo o povo. Era a hora do confronto. Aquele monte seria o palco de algo inusitado. Ali confrontei o povo, dizendo que ele não podia mais ficar em cima do muro. Não podia servir a Deus e a Baal ao mesmo tempo. Também desafiei os profetas de Baal, propondo a eles a prova dos nove. O deus que respondesse por fogo seria o Deus verdadeiro. Ah, eu sabia que Baal nada podia fazer. Sabia também que Deus iria manifestar seu poder diante dos olhos da nação e vindicar sua glória. Dito e feito! Os profetas de Baal colocaram a oferta deles no altar e clamaram, gritaram, chegaram até mesmo a se retalhar com facas. Mas nada aconteceu. Baal não os ouviu.

Então, peguei doze pedras, símbolo das doze tribos de Israel, e restaurei o altar do Senhor que estava em ruínas. Coloquei a oferta sobre o altar, mandei jogar água sobre a vala que mandei abrir, e depois de tudo pronto, clamei ao Senhor do céu para mandar fogo. Nem precisei pedir duas vezes. O fogo caiu lambendo a água e consumindo a oferta do altar.

Nessa hora foi um verdadeiro estrondo no topo daquela montanha. A nação toda começou a gritar: "Só o Senhor é Deus! Só o Senhor é Deus! Só o Senhor é Deus!" Foi emocionante! Sabia que Israel precisava passar por uma faxina espiritual. O que estava interceptando as chuvas era esse abominável ídolo que eles chamavam de Baal. Então, naquele mesmo dia, matamos todos os profetas de Baal, arrancando do coração da nação a idolatria.

O primeiro *round* da luta, a batalha contra o rei, contra o povo e contra os profetas de Baal, estava concluído. Agora era hora de travar a segunda luta, a luta com Deus. Então subi para o cume do monte Carmelo e lancei meu rosto em terra e clamei a Deus por chuva. Fiz isso uma, duas, três, quatro, cinco, seis vezes. Nenhum sinal de chuva. Meu moço olhava no horizonte e o céu estava sem nenhuma nuvem.

Não desanimei. Continuei orando. Na sétima vez que orei com o rosto entre meus joelhos, o meu moço foi olhar no horizonte. Aí ele viu uma nuvem pequena, do tamanho da palma de uma mão. Então eu disse: "Basta! A chuva vai chegar!" Em breve os céus se enegreceram. Relâmpagos luzidios riscavam os céus. Trovões ribombavam nas alturas. As nuvens pesadas de água começaram a derramar sobre a terra torrentes caudalosas. O rei Acabe precisou correr em sua carruagem para não ser apanhado pelas grandes inundações.

Enfim, Deus estava demonstrando diante de toda a nação o seu poder e provando que só Ele é Deus! Fiquei tão emocionado no topo daquele monte! Como

Deus é tremendo! Na hora mais escura da história, Ele desembainhou a sua espada e com braço forte triunfou sobre seus inimigos!

Para mim, todavia, as coisas iriam ficar ainda mais difíceis! Pasme você, Jezabel mandou-me um recado abusado. Iria me matar como eu matei os profetas de Baal. Gente, eu não sei o que deu em mim. Pela primeira vez tive medo. Meu coração disparou, acelerado, e pensei: "Eu vou morrer". Eu sabia que essa mulher era perversa. Eu tinha notícias de quantos profetas já tinham sido mortos. Então, mesmo depois dessa grande vitória, eu me senti fraco, tirei os olhos do Senhor e os coloquei nas circunstâncias e, tremendo de medo, fugi. Não podia imaginar que depois de uma vitória tão estrondosa eu me tornasse tão vulnerável.

Quando cheguei em Berseba, ali deixei o meu moço. Comecei, então, a caminhar sozinho pelo deserto. Já exausto, assentei-me debaixo de um zimbro e pedi para a mim a morte, dizendo para Deus: "Basta, toma agora, ó Senhor, a minha alma, pois não sou melhor do que meus pais".

Estava tão cansado que dormi fazendo esse pedido para Deus. Ah, pensei que estava sonhando, quando um anjo me tocou duas vezes e me acordou, dizendo: "Levante e coma". Quando olhei, vi pão e água. O Senhor estava preparando um banquete para mim naquele lugar inóspito e ermo. Depois que comi, fiz uma longa viagem pelo deserto. Foram quarenta dias subindo montes e descendo vales debaixo do calor sufocante do dia e dos ventos gelados da noite. Cheguei a ficar desfalecido. Parecia que escutava as carruagens da perversa rainha Jezabel com seus soldados vindo ao meu encalço.

Depois desses quarenta dias de dura jornada, cheguei ao monte Horebe e me enfiei numa caverna. Estava esgotado. Cansado. Muito abatido. Eu diria a você que eu estava até deprimido. Achava que só eu tinha permanecido fiel a Deus, como uma ilha naquele oceano de apostasia. Minha mente não desligava. Cheguei a pensar que minha vida só tinha passado e mais nenhuma perspectiva de futuro. Pensei que a morte seria meu destino final e não valia a pena continuar vivo.

Deus me chamou para fora da caverna. Tratou de mim, corrigindo o meu foco. Depois me disse que tinha ainda sete mil que não haviam se dobrado diante de Baal. Eu que pensava que meu ministério tinha chegado ao fim, Deus me disse que eu iria ainda ungir um rei em Israel, um rei na Síria e um profeta para dar continuidade ao meu trabalho.

Ah, Deus sempre nos surpreende. Imagine você: eu pedi para morrer, mas Deus me levou para o céu sem que eu passasse pela morte. É até engraçado! Por amor de nós, nem sempre Deus responde favoravelmente às nossas orações. De fato, não sabemos orar como convém. Pois é! Deus me curou daquela depressão e me fez prosseguir.

Chamei Eliseu, um homem que trabalhava com juntas de bois, para me seguir. Ele não teve dúvidas. Largou tudo e passou a me acompanhar. Sempre me pedia porção dobrada do meu espírito. Passamos juntos por Gilgal, Betel, Jericó e Jordão. Eliseu não me deixava por nada. Estava determinado a receber um revestimento de poder. Ah, de repente quando estávamos caminhando pelo Jordão, uma carruagem de fogo com cavalos de fogo me arrebatou e eu fui elevado ao céu num redemoinho. Minha capa ficou para trás, nas mãos de Eliseu. Que experiência! Eu nem posso mais relatar o que aconteceu comigo. Meu corpo foi transformado e trasladado. Eu passei a ver o que não é lícito ao homem referir. Juntei-me à grande assembleia dos santos. Passei a desfrutar de uma glória indizível.

Meu discípulo Eliseu, que ficou com a minha capa, foi de fato revestido com a porção dobrada do meu espírito. Quando chegou às margens do rio Jordão, o mesmo rio que ele já havia passado a pé enxuto comigo, tomou uma atitude corajosa e cheia de fé. Ele feriu as águas do Jordão com a minha capa e perguntou: "Onde está o Senhor Deus de Elias?" Ah, que pergunta emblemática! Essa pergunta significa o seguinte: "Será que Deus só fez milagres ontem ou continua a fazer milagres ainda hoje?" Que coisa linda aconteceu! O rio Jordão que transbordava pelas suas ribanceiras, abriu-se de novo e Eliseu passou a pé enxuto por ele.

O meu Deus é o Deus de Eliseu, é o seu Deus! Ele nunca deixou de fazer maravilhas em resposta às orações daqueles que nele confiam. Eliseu acabou fazendo o dobro de milagres que Deus realizou por minhas mãos. Na verdade, Deus cumpre sua palavra. Nenhuma de suas promessas jamais caiu por terra.

Contei-lhe meu testemunho para que você se anime! Mesmo que você esteja vivendo dias difíceis, saiba que Deus está no trono. Ele pode levantar você também em sua geração para viver como eu vivi, para experimentar as intervenções soberanas de Deus como eu experimentei. Minhas últimas palavras a você são: ande na presença de Deus, ore a Deus, pregue a palavra de Deus, aguarde grandes coisas de Deus e saiba que quando tudo terminar na terra, temos uma herança gloriosa no céu. Eu sou testemunha dessa gloriosa verdade! Eu sou Elias!

VÁ DIRETO À FONTE

1Reis 17—19; 21:17-29

2Reis 1—2

2Crônicas 21:12-15

Mateus 17:11-13

Marcos 9:1-8

Tiago 5:17

3 EU SOU DANIEL

Eu nasci em Jerusalém num tempo muito difícil. Meus pais pertenciam à nobreza. Cresci em um berço de ouro. A alta posição dos meus pais, porém, nunca tirou deles o compromisso de serem fiéis a Deus, mesmo num tempo de apostasia. Eu aprendi a amar a Deus vendo o exemplo de meus pais. Eles eram tementes a ele, e eu cresci bebendo o leite da piedade.

A piedade, porém, era coisa rara em Jerusalém nos meus dias. Os governantes eram homens maus. A idolatria era estimulada. Os profetas de Deus eram perseguidos. O povo dava ouvidos aos falsos profetas. Eles tinham uma confiança mística no templo, mas iam à casa de Deus apenas para multiplicarem seus pecados.

Eu era ainda muito jovem quando Jerusalém foi cercada por Nabucodonosor, rei da Babilônia. Nesse tempo já fazia cento e dezesseis anos que o reino do Norte e sua capital Samaria já haviam caído nas mãos do império assírio. O profeta Jeremias profetizou a queda de Jerusalém. A cidade não foi tomada nesse primeiro cerco, em 606 a.C., mas outros jovens e eu fomos arrancados de nossa família, de nossa cidade, do meio do nosso povo e fomos levados cativos para a Babilônia.

Dessa feita, Nabucodonosor só levou jovens sem nenhum defeito, fisicamente robustos e intelectualmente privilegiados. Preciso admitir que esse monarca era um estrategista. Queria nos dar um banho de cultura babilônica, para depois nos colocar em lugares estratégicos do seu governo, para dominarmos nosso próprio povo, que seria saqueado e escravizado nas próximas incursões a Jerusalém.

Não foi nada fácil para mim e meus amigos. Eu perdi minha liberdade, minha terra, minha família. Ficou tudo para trás. Arrancaram tudo de mim, exceto a minha fé em Deus.

A Babilônia era uma terra eivada de idolatria e sincretismo religioso. Ali o povo adorava muitos deuses. Enquanto eu era levado para lá, minha mente se agitava com muitas perguntas. Eu fiquei pensando: "Meu Deus, o que será de mim? Como ficarão meus pais? Será que Nabucodonosor voltará a Jerusalém, com seu exército, para tomar a cidade? Será que o povo se renderá a esse cerco? Será que o templo será preservado? Será que o nosso povo sofrerá um massacre?" Confesso que enquanto caminhava para essa cidade longínqua, sede da idolatria e da feitiçaria do mundo, tive muitas angústias em minha alma. Porém, tomei a decisão de permanecer fiel ao meu Deus ao chegar ali naquela terra pagã.

Meus amigos Mesaque, Sadraque e Abede-Nego foram levados comigo. Ficamos juntos. Para minha surpresa, quando chegamos, recebemos um tratamento especial. O rei não nos mandou para uma prisão, mas nos levou para o palácio. Mandou nos dar a melhor instrução, e ainda podíamos comer e beber à mesa real. Era muita pompa e luxo. Era muita comida boa e saborosa. Era muito vinho da melhor qualidade. Era muito conforto e privilégios. E ainda, depois desse treinamento que receberíamos, tínhamos a garantia de emprego no primeiro escalão de seu governo.

Ah, mas tinha um problema. A comida e o vinho que eram colocados à mesa do rei eram consagrados aos ídolos. Isso feria nossa consciência iluminada pela Palavra de Deus. A Babilônia queria arrancar de nosso coração os valores espirituais que havíamos aprendido. Queria nos aculturar. Se cedêssemos agora, negaríamos a nossa fé e perderíamos por completo nossa capacidade de dar testemunho do nosso Deus naquela nação repleta de relativismos.

Eu resolvi firmemente no coração não me contaminar. O homem encarregado de cuidar de nossa alimentação ficou preocupado ao perceber que eu e meus amigos não estávamos comendo junto com os outros jovens. Então eu propus a ele nos dar apenas legumes e água por um tempo. Garanti a ele que nossa aparência ficaria até melhor do que a aparência dos demais jovens. Ele relutou um pouco, mas acabou cedendo e fazendo o que eu sugeri. Sabia que Deus estava comigo e me honraria nessa atitude.

Dito e feito. Ao comer apenas legumes e beber apenas água, nossa aparência estava melhor. Então, o chefe da cozinha suspendeu nossa dieta de carne e vinho e, dessa forma, não nos contaminamos com as comidas sacrificadas aos ídolos. Ah, eu e meus amigos nos aplicamos aos estudos. Entendíamos que nosso bom desempenho nas provas finais daquele curso seria um bom testemunho da nossa fé. O nosso curso que era de três anos, terminou. Era hora dos exames finais. Não eram provas escritas, como acontece na maioria das universidades, mas provas orais. O próprio rei Nabucodonosor entrevistaria cada jovem. Não ficamos inseguros. Estávamos preparados!

Mais uma vez Deus nos honrou. Meus amigos e eu fomos aprovados e ainda encontrados dez vezes mais sábios do que os outros jovens da Babilônia. Ah, o rei não teve dúvidas: nomeou-nos para posições estratégicas do seu império. Eu ganhei posição de honra. Sabia que Deus estava nisso e havia me levado para lá com um propósito: influenciar aquele reino.

Mais tarde, fiquei sabendo que Jerusalém fora tomada no ano 586 a.C. Soube que houve um verdadeiro massacre do meu povo. A cidade foi arrasada e o templo construído por Salomão foi completamente destruído. Muita gente morreu de fome durante o longo cerco antes da queda da cidade. Uns foram mortos à espada. Outros ficaram desolados ao verem a destruição da cidade. Muitos foram trazidos para a Babilônia como escravos e os restantes que lá ficaram estavam em grande miséria e pobreza.

Quando esses irmãos nossos chegaram à Babilônia, eles só choravam, lembrando-se de Sião. Chegaram a dependurar suas harpas nos salgueiros às margens dos rios do império. Não conseguiam cantar em terra estranha. Só pensavam em vingança. Eu, porém, tive outra atitude. Resolvi florescer onde estava plantado. Resolvi ser fiel a Deus fora da minha nação e colocar minha vida a serviço de Deus nesse território pagão.

Um dia, o rei Nabucodonosor teve um sonho estranho. Sonhou com uma grande estátua, cuja cabeça era de ouro, os braços e o peitoral de prata, os quadris de bronze, as pernas de ferro e os dedos de ferro e barro. Sonhou ainda que uma pedra não lavrada por mãos bateu nos pés dessa grande estátua e ela foi reduzida a pó. Essa pedra então encheu toda a terra. O rei não se lembrava dos detalhes do sonho nem recebeu sabedoria para interpretá-lo! Os magos e sábios da Babilônia foram convocados para saber que sonho era esse e ainda dar ao rei a devida interpretação.

Ninguém foi achado apto para decifrar esse mistério. O rei, então, furioso, deu uma ordem para matar todos os sábios e magos da Babilônia. Para que tanto estudo e investimento neles se não podiam ajudá-lo na hora de sua necessidade? Quando soube desse decreto, convoquei meus amigos para orarmos, pedindo a Deus discernimento do sonho. Não podíamos ficar parados diante de um massacre iminente. E ainda mais, nós também seríamos mortos por essa decisão do rei.

Oramos a Deus e Ele me deu compreensão do sonho. Fui ao rei e evitei a morte dos sábios da Babilônia. Disse a ele que seu sonho tinha a ver com os impérios que dominariam o mundo. Ele era a cabeça de ouro. Os medos e persas eram o peitoral e os braços de prata. Os gregos, os quadris de bronze, e o império romano seria as pernas de ferro e barro. Essa pedra não lavrada por mãos seria o reino eterno do Messias, que venceria todos os reinos e dominaria o mundo inteiro. Depois de exaltar ao Deus vivo com essa interpretação, o rei me deu ainda mais prestígio em seu reino.

Apesar disso, Nabucodonosor não se quebrantou. Ele mandou fazer uma estátua imensa, só de ouro, uma vez que essa estátua representava o seu reino, cujo monarca absoluto era ele. Exigiu que todos em seu reino se prostrassem diante da sua imagem. A pena para quem se recusasse era a fornalha ardente. Seu decreto foi anunciado em todo o seu vasto império. De todos os cantos brotava gente para se prostrar diante da imagem que ele havia levantado. Meus amigos, como eu, porém, resistiram à ordem do rei. Recusaram-se a se prostrar.

Quando Nabucodonosor ficou sabendo da postura firme dos meus amigos, ficou muito irado e foi conversar com eles, fazendo-lhes severas ameaças. Eles não se intimidaram. Disseram firmemente para ele: "Oh, rei, fique sabendo que se o nosso Deus quiser nos livrar, Ele tem poder para nos livrar; mas se Ele não quiser nos livrar, nós preferimos ser jogados na fornalha de fogo ardente do que nos dobrarmos diante da sua imagem. Nós preferimos a morte à apostasia. Nós só adoramos a Deus. Nós não negociamos os princípios de Deus".

Nabucodonosor ficou mais furioso ainda. Não podia imaginar que jovens estrangeiros e escravos pudessem desafiar sua autoridade despótica. Mandou aquecer a fornalha mais sete vezes e deu ordem para lançá-los lá dentro. Meus amigos estavam prontos para morrer por sua fé. A fornalha estava tão quente que as pessoas que os lançaram lá morreram queimadas só de se aproximarem dela.

Um fato milagroso aconteceu! O fogo da fornalha queimou apenas as suas amarras. Ficaram livres para passear no meio da fornalha. As chamas não arderam neles. Ao contrário, um quarto homem veio para dentro da fornalha e caminhava com eles dentro do fogo. Esse quarto homem era o próprio Deus. A fornalha de fogo ardente tornou-se um jardim. Em vez de serem consumidos pelas chamas, foram consolados pela presença de Deus com eles na fornalha.

Nabucodonosor, ao ver de longe essa cena inusitada, ficou pasmo e alarmado. Mandou tirá-los da fornalha e exaltou-os ainda mais em seu reino. Precisou admitir publicamente que nenhum Deus podia salvar como o Deus daqueles jovens hebreus. A confiança deles em Deus foi proclamada em todo o vasto império babilônico. Isso trouxe bênção aos homens na terra e glória a Deus no céu.

Se você pensa que o coração de Nabucodonosor se quebrantou com essa dramática experiência, está enganado. Ele era muito soberbo para isso. Achava que, com sua força e poder, havia construído a grande cidade da Babilônia para sua própria glória.

Ah, a paciência de Deus esgotou-se com ele. O Senhor mandou aquele rei soberbo comer capim com os bois no campo. Deus o derrubou do seu trono. Humilhou-o até o pó. Seus pelos cresceram. Suas unhas viraram cascos. Ele andou de quatro, como um animal. Seu corpo cobriu-se de orvalho nas noites geladas. Deus quebrou seu orgulho. Golpeou sua altivez. Esse monarca, que se julgava onipotente, foi nocauteado pelo poder do Altíssimo.

Na verdade, Deus o tornou louco, para não o lançar no inferno. Deus o quebrou repentinamente, por um curto período, para que ele não fosse condenado para sempre. Nabucodonosor foi salvo, mas o herdeiro do trono da Babilônia não aprendeu a lição.

Belsazar, seu sucessor, deu um banquete e convidou as pessoas mais notáveis do seu império. Era muita gente. Naquele banquete não faltou música, danças e muita bebida. Não satisfeito com o requinte de sua festa, o rei mandou trazer os vasos sagrados do templo de Jerusalém, que haviam sido tomados. Queria com isso zombar da fé dos judeus e escarnecer do seu Deus. Pensou que assim fazendo, ganharia respeito e admiração de seus convidados.

Ah, aquela noite foi uma noite fatídica! De repente, enquanto estavam bebendo, comendo e se divertindo, uma mão misteriosa apareceu, escrevendo na parede umas palavras misteriosas: MENE, MENE, TEQUEL, UFARSIM. O semblante do rei empalideceu. Os convidados ficaram desesperados. O pânico tomou conta de todos. O rei mandou chamar, às pressas, os magos da Babilônia. Precisava saber o que vinha a ser aquela escrita misteriosa.

Ninguém foi encontrado apto para interpretar aquelas palavras. Então, a mãe do monarca lembrou-se de mim e de como eu havia interpretado o sonho de Nabucodonosor. Fui chamado à presença de Belsazar. O rei, desesperado, tentou enaltecer-me, fazendo-me promessas de riqueza e prestígio. Mal sabia que naquela noite seu reino seria tomado e ele morreria!

Eu não aceitei a glória vinda do rei. Ao contrário, tributei toda honra a Deus, dizendo que não vinha de mim, mas de Deus, o poder da interpretação. Então, eu disse a Belsazar que a escrita na parede era uma palavra de juízo a ele e a seu reino. O rei havia sido contado, colocado na balança de Deus e achado em falta. Seu reino seria dividido e entregue nas mãos de outro reino e ele seria morto naquela mesma noite. Foi exatamente isso que aconteceu.

Enquanto Belsazar estava se divertindo com seus convidados e zombando de Deus, usando os vasos sagrados para propósitos profanos, o grande general Dario, da Média, estava desviando o leito do rio, fazendo buracos nas muralhas para entrar na cidade inexpugnável e tomá-la de assalto. Naquela noite, o rei Belsazar morreu, e a poderosa Babilônia caiu nas mãos do reino Medo-Persa.

Pasme você, a Babilônia caiu, mas eu continuei a servir ao novo império. Aliás, colocaram-me como um dos três governadores gerais, para fiscalizar cento e vinte administradores regionais. Com o propósito de inibir maus feitos na administração pública fui colocado ao lado de outros dois grandes administradores. Nem sabia eu que estava sendo jogado num ninho de cobras. A corrupção campeava solta nos bastidores do poder. Os cento e vinte sátrapas, administradores regionais, estavam rendidos à corrupção, acobertados pelos outros dois governadores. Só eu permanecia fiel.

É claro que minha honestidade era um grande obstáculo para o avanço do projeto iníquo dos administradores infiéis. Então, tentaram me pegar em algum ato falho. Vasculharam minha vida. Abriram todos os arquivos do meu passado. Tentaram de todas as formas encontrar uma razão para me acusar e me desestabilizar. Não encontraram nada! Minha vida sempre foi íntegra. Nunca vendi minha consciência. Nunca transigi com os valores absolutos de Deus.

Então, tramaram contra mim, pois precisavam encontrar um motivo religioso para me acusar. Chamaram o rei Dario. Cobriram-lhe de bajulação. Propuseram-lhe que, dentro de trinta dias, nenhum Deus deveria ser invocado e adorado em seu vasto império, a não ser ele mesmo. Isso encheu o rei de orgulho. Sentiu-se mais importante do que era.

A pena para quem desobedecesse a essa ordem imperial era ser lançado na cova dos leões. Destaco que toda essa trama visava a apenas me atingir. Sabiam que eu continuaria a orar a Deus. Sabiam que eu não me sujeitaria a isso. Eu já tinha passado por situação parecida no império babilônico e não seria diferente agora.

Estava me esquecendo de dizer que Dario tinha a intenção de me colocar como chefe sobre os outros governadores. Ele tinha plena confiança em mim e no meu trabalho. Ao assinar o edito, Dario não tinha compreendido que a intenção dos outros governadores era passar uma rasteira nele e me levar à morte. Como a lei dos medos e dos persas não podia ser revogada, uma vez que a lei era maior do que o próprio rei, se ele assinasse o edito, pensaram eles, eu estaria eliminado e afastado do caminho deles, se me pegassem orando ao Deus dos céus.

O rei Dario assinou o edito. Eu, mesmo sabendo que morreria, continuei orando a Deus, com as janelas abertas para as bandas de Jerusalém. É claro que eu estava sendo vigiado. Não deu outra. Flagraram-me orando ao Deus dos céus e logo foram denunciar minha atitude a Dario. O rei ficou muito alarmado. Ele me amava. Como todos os governadores estavam de pleno acordo com o edito que ele havia assinado, e percebendo que eu tinha sido traído, o rei logo descobriu que ele mesmo tinha sido uma vítima da trama desses homens perversos.

Ele estava de mãos atadas. Não podia revogar sua própria lei. Para cumprir seu edito, fui lançado na cova dos leões. Pasme você! Deus fechou a boca dos leões, e eu fui protegido no meio daquelas feras. Quando o rei ficou sabendo que Deus me livrara de forma tão miraculosa, mandou me tirar de lá e jogar aqueles traidores na cova dos leões. Nem preciso dizer que foram estraçalhados pelos leões esfaimados. Dario me exaltou ainda mais em seu reino. O nome de Deus foi proclamado e glorificado em todo aquele vasto império por causa de minha fidelidade a Deus.

Confesso a você que eu fui fiel a Deus na minha juventude e também na minha velhice. Eu fui fiel na casa dos meus pais e fui fiel como escravo na Babilônia. Fui fiel quando era apenas um estudante e fui fiel quando ocupei os cargos mais altos na administração de dois grandes impérios mundiais. Deus ainda me deu visões acerca do futuro não só do meu povo, mas do futuro da história da humanidade. Registrei essas visões no livro que escrevi, inspirado pelo Espírito Santo. Meus escritos têm sido estudados ao longo dos séculos e têm encorajado o povo de Deus por todas as gerações.

Eu já era um homem velho quando li nas profecias de Jeremias que o cativeiro judeu duraria setenta anos. Li também que esse cativeiro teria fim quando o povo se voltasse para Deus de todo o seu coração. Vi, porém, que a maioria do povo que tinha sido trazido para a Babilônia vivia longe de Deus. Então me pus a orar e a jejuar ao Deus dos céus. Confessei os meus pecados e os pecados do meu povo, pedindo a Deus perdão e restauração. Em resposta às minhas orações houve batalhas nas regiões celestiais entre os anjos de Deus e os demônios. Mas, depois de vinte e um dias de oração e jejum, a resposta chegou. Deus me mostrou que o futuro estava em suas mãos. Seu plano era perfeito e soberano. Ele estava conduzindo a história para uma consumação gloriosa.

Fui informado, ainda, que era um homem amado no céu. Senti-me fraco diante dessas visões tão gloriosas. Deus, porém, me tocou e me fortaleceu. A palavra de Deus se cumpriu e o meu povo voltou para sua terra. O plano de Deus não foi frustrado. Tudo se cumpriu à risca. De fato, reinos vêm, vão e passam, mas o reino do Senhor permanece para sempre. Ele é o grande Rei de toda a terra. Ele está assentado no trono. Ele tem as rédeas da história em suas mãos. Ele comanda os destinos da história e conduzirá seu povo em triunfo.

Não pude voltar para a terra dos meus pais, com os meus irmãos. Morri na Babilônia, mas tenho a alegria de ter contribuído para a volta do meu povo à terra dos nossos pais. Deus disciplinou o nosso povo, mas nunca o abandonou. Restaurou-o e usou-o para a chegada do Messias, o Salvador do mundo!

VÁ DIRETO À FONTE

Daniel 1—12
Ezequiel 14:14
Mateus 24:15
Hebreus 11:32,33

4 EU SOU JOÃO BATISTA

Eu sou João Batista, filho de Zacarias e Isabel. Meu pai era sacerdote. Um homem muito piedoso. Ele e minha mãe sempre oraram para terem um filho. Mamãe era estéril, e os anos se passavam sem que o pedido deles fosse atendido. Chegaram até a se conformar em não ter filhos. Pararam de orar. Também a velhice havia chegado para ambos. Era tarde demais para ter um bebê naquela casa.

Um dia meu pai estava no templo. Era o dia do turno do seu trabalho. Seu coração estava emocionado, porque esse privilégio não era frequente, pois havia muitos turnos de sacerdotes. Quando papai entrou no santuário para oferecer as oferendas a Deus, um anjo do Senhor falou com ele. Disse-lhe que suas orações haviam sido ouvidas e que eles teriam um filho. Papai duvidou dessa possibilidade. Achou que já não era mais tempo. Ficou complemente cético. Ainda mais sabendo que minha mãe, além de estéril, já havia cessado as regras. Como penalidade por sua incredulidade, o Senhor o deixou mudo até o dia em que eu nasci.

Quando saiu do santuário seu semblante estava completamente mudado. Havia um misto de espanto e alegria em seu rosto. Todos podiam ver que algo sobrenatural havia lhe acontecido. Por meio de gestos compreenderam que um anjo falara com ele e que minha mãe, mesmo avançada em idade e estéril, daria à luz um filho.

A gravidez da minha mãe foi o comentário na comunidade de sacerdotes. Isso levou todos a uma reflexão mais profunda acerca da resposta de Deus às orações. Eles tinham orado longos anos e só agora a resposta havia chegado. Mas em todo esse tempo Deus estava ouvindo o clamor dos meus pais.

Minha mãe ficou tão feliz! Enfim, Deus estava realizando o seu sonho. Seu ventre deixou de ser um deserto para ser um pomar de vida. Preciso dizer a você que mesmo no ventre de minha mãe eu já era cheio do Espírito Santo. Eu já saltava de alegria.

Quando a minha mãe estava com seis meses de gravidez, o anjo Gabriel foi enviado a Nazaré para visitar Maria, prima de minha mãe. Ela era ainda muito jovem quando o Senhor a escolheu para ser a mãe do Messias.

Deus tem formas, às vezes, incompreensíveis de agir. Na casa de meus pais, Deus pareceu atrasado, mas na casa de Maria, pareceu adiantado. Mamãe era velha demais para conceber; Maria, jovem demais para dar à luz. Mamãe com longos anos de casamento esperando um milagre para conceber; Maria nem casada estava ainda quando o anjo Gabriel lhe disse que seria a mãe do Salvador.

Quando Maria recebeu essa mensagem angelical, não teve dúvidas: sem falar para ninguém, partiu para a casa de minha mãe para visitá-la. O anjo Gabriel reforçou sua mensagem a ela, dizendo que para Deus não há impossíveis, uma vez que Isabel, minha mãe e sua prima, também havia concebido mesmo sendo avançada em idade. Quando Maria chegou, fiquei sabendo que eu pulei de alegria no ventre de minha mãe. Mamãe logo reconheceu que Maria era a mãe do seu Salvador.

Oh, que privilégio! Eu estava sendo separado desde o ventre para ser o precursor do filho de Maria, do Filho do Altíssimo, daquele que haveria de herdar o trono de Davi. Maria exaltou ao seu Salvador por privilégio tão sublime e ficou com minha mãe até eu nascer. Só depois voltou para Nazaré, na Galileia.

Soube que ela teve sérios problemas ao chegar lá em Nazaré, com as evidências indisfarçáveis de sua gravidez. Afinal ela era noiva de José, o carpinteiro da cidade. O noivado naquele tempo era coisa muito séria, que só poderia ser desfeito por divórcio. José, não querendo infamar Maria, resolveu fugir secretamente. Ainda bem que um anjo do Senhor lhe mostrou em sonho que o filho de Maria havia sido concebido por obra do Espírito Santo. José não deveria ter medo de recebê-la como esposa. Ao contrário, deveria colocar o nome de Jesus em seu filho, porque Ele salvaria o seu povo de seus pecados. José recebeu, então, Maria como sua mulher, não a conhecendo, porém, até Jesus nascer.

Enfim, chegou o dia de eu nascer. Papai ainda estava mudo. Quando eu nasci, deram-me outro nome, o nome de Zacarias, mas papai pegou um pedaço de madeira e escreveu: "O seu nome é João". Sim, esse seria o meu nome. Depois desse fato, Deus o curou de sua mudez e sua língua foi desimpedida. No mesmo dia aconteceram dois milagres: o meu nascimento e a cura do papai.

Eu nasci para ser o precursor de Jesus, o mensageiro do Rei. Sempre tive consciência disso. Deus tinha para mim a mais nobre missão, a missão de ver o Messias e preparar o caminho de sua chegada.

Preciso reconhecer que eu sou um homem estranho para os moldes sociais. Visto-me de forma estranha, com peles de camelos. Alimento-me de modo estranho, com mel e gafanhotos silvestres. Vivo num lugar estranho, o deserto da Judeia, e prego num lugar mais estranho ainda, um descampado do deserto, às margens do rio Jordão, um lugar muito quente de dia e bastante frio à noite.

Sou mais conhecido como um pregador, mas preciso dizer que também sou um homem de oração e ensinei meus discípulos a orar. Prego com firmeza e minha mensagem é contundente: prego batismo de arrependimento para remissão de pecados. Faço isso porque a religiosidade do povo de Israel só tinha pompa.

Os líderes espirituais de Israel são como víboras, cheios de veneno. São hipócritas. Aparentam o que não são. Os fariseus abandonaram a Palavra de Deus para se apegarem às tradições dos anciãos. São legalistas que impõem pesados fardos sobre o povo. Os saduceus, que lideram o sacerdócio, são homens secularizados, que se juntaram a Roma para perverter o culto divino e fazer do templo um lugar de negócios.

O templo de Jerusalém virou um esconderijo de ladrões. Transformaram a casa de oração num lugar de comércio. Armaram um esquema pecaminoso para auferiram lucros dos peregrinos que vêm adorar. Cobram taxas abusivas. Exigem que os animais para o sacrifício sejam comprados na praça do templo. Tudo isso para os detentores do poder religioso enriquecerem.

Por ter crescido no deserto e por não ser afeito aos banquetes dos poderosos, comecei a pregar no deserto e as multidões brotaram de todas as cidades e aldeias para me ouvir e ser batizadas. Multidões e multidões fluíam aos borbotões e vinham a mim. Até mesmo fariseus e saduceus se infiltravam no meio dessas multidões. Não os poupei. Denunciei firmemente a hipocrisia deles, chamando-os de raça de víboras. Mostrei para eles que se não produzissem frutos dignos de arrependimento seriam cortados desde a raiz e lançados ao fogo.

Preciso admitir que Deus estava fazendo uma verdadeira revolução no deserto da Judeia. Era muita gente que vinha confessando seus pecados e recebendo o batismo de arrependimento. Até soldados e cobradores de impostos, os publicanos, estavam no meio dessas multidões, arrependidos.

Para meu espanto, surgiu do meio da multidão uma pergunta sedutora, que chegou aos meus ouvidos como a voz aveludada da serpente: "Porventura, João Batista, você não é o próprio Cristo?" Pasme, queriam me exaltar e me colocar num pedestal. Queriam que eu ocupasse o lugar daquele que eu vim anunciar. Eu não engoli aquela isca venenosa. Fui claro.

Eu disse com todas as letras: "Eu não sou o Cristo. Eu vim apenas para preparar o seu caminho. Eu não sou o Verbo, sou apenas uma voz que clama no deserto. Eu não sou a luz, sou apenas testemunha da luz, a saber, da verdadeira luz que, vinda ao mundo, ilumina a todo homem. Eu não sou o Cordeiro, eu aponto para Jesus e digo: Eis o Cordeiro de Deus que tira o pecado do mundo. Eu não sou o noivo, sou apenas amigo do noivo. Eu batizo com água, mas aquele que vem depois de mim é mais poderoso do que eu, e Ele batizará vocês com o Espírito Santo e com fogo. Eu não sou nem mesmo digno de, curvando-me, desatar-lhe as correias das sandálias. Eu tenho um lema de vida: convém que Ele cresça e que eu diminua".

Meu ministério foi muito curto. Meu papel era apresentar Jesus e sair de cena. Certa feita, Ele veio a mim para ser batizado. Fiquei perplexo, porque eu é que deveria ser batizado por Ele. Mas Jesus me explicou que estava se submetendo ao batismo não porque tivesse pecado pessoal do qual se arrepender. Ele estava sendo batizado para cumprir a justiça, uma vez que estava se identificando com os pecadores para morrer pelos seus pecados. Quando Jesus foi batizado, algo glorioso aconteceu. Os céus se fenderam, e o Espírito Santo desceu sobre Ele em forma de pomba e do céu ouviu-se uma voz: "Este é o meu Filho, o meu amado, nele tenho todo o meu prazer".

Logo depois que Jesus foi batizado começou o seu ministério público. Ele foi revestido de poder para pregar, para libertar e para curar. Por meio dele, os cegos viram, os surdos ouviram, os mudos falaram, os coxos andaram, os leprosos foram purificados e os mortos ressuscitaram. As multidões passaram a segui-lo. Eu já o havia apresentado ao povo, dizendo a todos: "Eis o Cordeiro de Deus que tira o pecado do mundo".

Eu preciso contar um fato a você. O rei Herodes Antipas, o tetrarca da Galileia, foi certa feita a Roma e lá se engraçou com sua cunhada, mulher de Filipe, que também era sua sobrinha. O nome dessa mulher era Herodias. Herodes já era casado com a filha do rei Aretas, porém, uma paixão louca e explosiva surgiu entre Herodes e sua cunhada Herodias.

Essa mulher não era flor que se cheira. Ela largou seu marido e se uniu a Herodes, seu cunhado e tio. Foi um verdadeiro escândalo. Herodes cometeu ao mesmo tempo o pecado de adultério e de incesto. Mesmo sendo um homem mau e perigoso, eu não me intimidei. Denunciei o seu pecado e disse a Herodes que não lhe era lícito possuir Herodias, a mulher do seu irmão.

Isso foi o mesmo que mexer num vespeiro. Esse casal imoral e sem escrúpulos passou a me odiar. Como retaliação à minha reprimenda, colocaram-me na cadeia, um cárcere horrível, chamado Maquerós, às margens do mar Morto. Fiquei trancado naquela prisão imunda e quente muito tempo. Enquanto estava preso, Jesus realizava grandes milagres em suas andanças pelas cidades e aldeias. Meus discípulos, que me visitavam no cárcere, me traziam todas essas notícias.

Meus dias naquela prisão não foram nada fáceis. Tive dias de angústia e perplexidade. Dúvidas chegaram a assaltar a minha mente. Por que ainda estava naquela prisão? Por que Jesus não vinha me libertar, já que demonstrava seu pleno poder na vida de tantas pessoas? Estava muito perturbado com todos esses questionamentos.

Certa feita, até mandei alguns dos meus discípulos a Jesus perguntando se, de fato, Ele era o Messias ou havíamos de esperar outro. Ao receber meus emissários, Jesus disse a eles: "Falem com João o que vocês estão ouvindo e vendo: os cegos veem, os coxos andam, os leprosos são purificados, os surdos ouvem, os mortos ressuscitam, e aos pobres está sendo pregado o evangelho. Bem-aventurado é aquele que não achar em mim motivo de tropeço".

Na verdade, Jesus não me reprovou por meus momentos de fraqueza, ao contrário, disse para seus discípulos que eu não era um caniço agitado pelo vento. Disse ainda que, embora eu não fosse um homem que usava roupas finas e frequentava os palácios, eu era mais do que um profeta. Jesus deixou claro que eu era o seu mensageiro, enviado adiante dele. Ele chegou a afirmar que dentre os nascidos de mulher ninguém era maior do que eu.

Ah, eu preciso compartilhar com você algo que aconteceu comigo. O rei Herodes fez uma grande festa em seu aniversário. Convidou muita gente, as pessoas mais ricas e influentes da Galileia. Nessa festa houve muita bebedeira e muita dança. A filha de Herodias dançou diante de Herodes com tanta desenvoltura que o rei, em seu estado de êxtase, prometeu dar a ela o que ela pedisse, ainda que fosse a metade do seu reino. A jovem, instruída por sua mãe, pediu a Herodes a minha cabeça, num prato.

Herodias me odiava e aguardava uma oportunidade para me matar. Herodes ficou perturbado diante desse pedido repentino e inusitado da menina, mas para não ficar em maus lençóis com seus convidados, ordenou que eu fosse decapitado na prisão e que minha cabeça fosse trazida para aquela festa. Os algozes rapidamente foram a Maquerós. Eu fui arrancado às pressas dos porões daquela masmorra e fui sumariamente decapitado.

Talvez para um observador desatento eu tive um fim trágico. Mas confesso que é melhor ter a cabeça decepada do que transigir com o pecado. É melhor ser degolado do que ser um profeta da conveniência. O que importa não é como se morre, mas como se ressuscita. Cumpri cabalmente o ministério que recebi. Apresentei Jesus. Preparei o seu caminho e apontei-o como o Cordeiro de Deus que tira o pecado do mundo.

A minha morte foi uma tragédia para aqueles que a planejaram e a executaram, mas não para mim. O túmulo não é o meu último endereço. Deixei meu corpo para habitar com o Senhor. Deixei a prisão para ir para o céu. Deixei o sofrimento atroz para desfrutar das bem-aventuranças eternas. Ah, valeu a pena viver para ver Jesus e anunciá-lo. Valeu a pena morrer e com minha morte glorificar a Jesus. Valeu a pena entrar na história e sair dela como o escolhido de Deus para ser o precursor do Messias. Valeu a pena ser o mensageiro do Rei dos reis e do Senhor dos senhores!

VÁ DIRETO À FONTE

Mateus 3:1-13; 11:2-19; 14:1-12

Marcos 1:1-11; 6:14-29

Lucas 1; 3:1-18; 7:18-35; 9:7-9

João 1:19-37; 10:40-42

Atos 13:24; 18:1-7

5 EU SOU A MULHER CANANEIA

Com sua permissão, eu quero me apresentar. Eu sou uma mãe muito aflita, como tantas outras ao redor do mundo. Eu sou conhecida como a mulher cananeia. Eu tenho vivido dias de terríveis angústias. Minha filha querida está horrivelmente endemoninhada. Eu carrego no peito a dor de ver minha filha escravizada pelos demônios.

    Ah, como ela tem sofrido, e com ela eu também sofro. Sempre vivi em terras pagãs, na região de Tiro e Sidom. Meu povo vive mergulhado em densa escuridão e ignorância espiritual. Não há esperança. Nosso povo vive debaixo de grande opressão espiritual. Minha casa foi atingida por pesada nuvem escura. Minha filha foi apanhada pelas garras afiadas dos demônios. Ela vive atormentada. Os demônios fazem dela um joguete. Ela está definhando. Vejo nos seus olhos o espectro da dor, o terror do abismo que invadiu sua alma.

Os demônios são seres malignos e perversos. Fizeram da vida de minha filha um verdadeiro inferno. Ela não tem descanso nem de dia nem de noite. Seus dias são de tormento sem pausa. Suas noites são de terríveis pesadelos.

Mergulhada na minha dor mais atroz, um fato aconteceu, trazendo uma réstia de esperança para o meu coração. Eu fui surpreendida com a presença de Jesus, o Messias, em nossa terra. Eu já tinha ouvido falar dele, de como curava os enfermos, libertava os cativos, recebia e curava as pessoas mais feridas pelos dramas da vida. Quando eu vi Jesus, uma centelha de esperança foi acesa em meu coração. Não podia perder aquela oportunidade. Corri ao encontro dele e clamei: "Senhor, filho de Davi, tem compaixão de mim! Minha filha está horrivelmente endemoninhada".

Eu sabia que Jesus não era um homem comum. Era o Messias, o filho de Davi. Havia poder em suas palavras, doçura em seu olhar e graça em seus gestos. Em nossa terra, as pessoas comentavam que, por meio dele, os cegos viam, os mudos falavam, os surdos ouviam, os coxos andavam e os mortos ressuscitavam. Meu coração bateu mais forte quando eu o vi. Eu sabia que ele podia libertar minha filha.

Depois de ter batido em tantas portas e só colhido decepção, sabia que só Jesus podia trazer libertação para minha filha e alívio para o meu coração. Posso garantir a você, o sofrimento de minha filha era o meu sofrimento. A dor que pulsava no coração dela doía ainda mais em mim. Eu não suportava mais tanta angústia e tanto desespero na minha família.

Diante do meu clamor por misericórdia, a resposta de Jesus foi um silêncio gelado. Ele não me respondeu palavra alguma. O silêncio dele gritou mais alto nos meus ouvidos do que o ruído das circunstâncias mais adversas. Seus discípulos, incomodados com minha presença e com os meus gritos de socorro, chegaram a pedir a Jesus para me mandar embora. Sentiram-se desconfortáveis com minha presença inoportuna. Não esconderam o desprezo que demonstraram à minha causa urgente.

Na verdade, eu reconheço minha importunação. Eu ia clamando atrás deles. Eu estava rogando misericórdia a Jesus porque eu tinha pressa e não podia perder a chance de ver minha filha liberta.

Meu coração gelou ao perceber que diante da insistência dos discípulos para Jesus me despedir, ele jogou mais um balde de água fria no meu clamor por misericórdia. Disse que fora enviado apenas às ovelhas perdidas da casa de Israel. Ah, que dor em meu coração! Eu era uma gentia. Não pertencia ao povo da aliança. Estava excluída das promessas. Vivia no meio de um povo sem esperança de salvação.

Eu não desisti. Minha causa era importante e urgente. Continuei insistindo com o meu clamor. Na verdade, eu dei mais um passo na direção do meu anseio, aliás, da minha urgente necessidade. Eu me aproximei de Jesus e o adorei. Disse a ele: "Senhor, socorre-me!". Eu sabia que ninguém podia valer-me. Já tinha buscado solução em todos os caminhos, batido em todas as portas, mas nada. As coisas continuavam de mal a pior. Minha filha continuava prisioneira na pior masmorra, a masmorra dos demônios. Ela não passava de um saco de pancadas deles, que faziam dela gatos e sapatos. Dava pena de ver o estado de minha filha.

Em face da minha insistência, Jesus respondeu que não era bom tirar o pão dos filhos e lançá-lo aos cachorrinhos. Essa resposta de Jesus, longe de me aliviar, agravou ainda mais a minha dor. Parecia até mesmo que Ele queria me levar ao limite da minha desesperança para então arrancar-me daquele poço escuro.

Longe de me sentir magoada com a palavra de Jesus, humilhei-me ainda mais, dizendo-lhe: "Sim, Senhor, porém os cachorrinhos comem as migalhas que caem da mesa dos seus donos". Mesmo sem compreender o método que Jesus estava usando comigo, sabia que Ele podia me socorrer. Daí a minha insistência. Minha filha precisava ser liberta. Ela estava cativa, e eu, com ela, sofrendo muito.

Nesse momento, algo glorioso aconteceu. Jesus abriu-me a porta da esperança. Ele me disse: "Ó mulher, grande é a tua fé! Faça-se contigo como queres". Meu coração disparou dentro do meu peito. Não podia conter a alegria que inundou minha alma. Senti que um fardo caiu dos meus ombros. A dor que afligia minha alma foi arrancada de dentro de mim.

Compreendi, imediatamente, que Jesus não estava me desprezando, mas apenas me levando a um nível mais alto de dependência dele. Seu propósito era despertar em mim uma fé genuína. Na verdade, Jesus elogiou a minha fé diante dos seus discípulos, que queriam se ver livres de mim. Ele atendeu o meu clamor e me garantiu que iria acontecer exatamente o que eu queria. E de fato aconteceu naquele exato momento. Na mesma hora que Jesus proferiu essas palavras, minha filha ficou sã e liberta. Os demônios que a atormentavam bateram em retirada. Minha filha ficou liberta e curada.

O sol da liberdade raiou em minha casa. A bandeira tremulante da paz foi hasteada no meu lar. O inferno com todos os seus horrores foi afastado e a luz do céu brilhou em minha família. Ah, foi tão lindo! A paz de Jesus entrou na minha vida, na vida de minha filha. A minha casa foi transformada. Posso garantir a você que Jesus cruzou a fronteira de Israel para trazer luz ao meu povo, que jazia em trevas. Se ninguém mais foi abençoado pela sua visita, eu fui. Ele trouxe libertação e salvação para minha casa.

Com certeza, o que Jesus fez na minha vida Ele pode fazer também na vida de todas as mães, de todos os lugares, de todos os tempos. Toda mãe sabe disso: aquilo que aflige nossos filhos também nos aflige. Por isso, devemos levar seus dramas a Jesus. Ele me socorreu, e pode socorrer a todos aqueles que, com fé, recorrem a Ele. Jesus jamais lança fora aqueles que vêm a Ele. Jesus jamais despreza um coração quebrantado. Só Ele liberta os cativos e dá vista aos cegos. Só

Ele perdoa e salva. Portanto, não desanime! Persevere. Clame. Humilhe-se. E veja as maravilhas que Jesus fará, também, em sua família. Eu sou testemunha disso. Eu sou a mulher cananeia!

VÁ DIRETO À FONTE

Mateus 15:21-28

Marcos 7:24-30

6 EU SOU MARIA DE BETÂNIA

Eu tive o privilégio de nascer numa família temente a Deus. Sempre fomos muito unidos. Nossa casa respirava amor e tínhamos muita alegria em receber as pessoas. Porque a Bíblia oculta o nome de meus pais, eu não vou falar sobre eles. Meu papel não é alimentar a sua curiosidade, mas compartilhar o que Marta, Lázaro e eu vivenciamos em nossa caminhada.

Jesus era nosso amigo e sempre que podia se hospedava em nossa casa. Sempre que subia da Galileia para Jerusalém a fim de participar das festividades de Israel, Ele dava um jeito da passar lá em casa.

Marta era a nossa irmã mais velha. Era a dona da casa. Sempre enérgica e prestativa, desdobrava-se para fazer o melhor para Jesus. Reconheço até que Marta era muito agitada. Sempre que Jesus se hospedava conosco, era ficava muito inquieta e ansiosa para preparar a melhor refeição para o Mestre.

Eu, a mais nova da casa, tinha maior apreço em me assentar aos pés de Jesus para ouvir seus ensinamentos. Bebia cada palavra que ele proferia. Era tão bom ouvir seus ensinamentos que até me esquecia de ajudar Marta nas lides da casa. Enquanto ela queria oferecer a melhor refeição para Jesus, eu queria receber o melhor banquete dele.

Eu sei que minha postura, algumas vezes, irritou muito minha irmã. Certo dia, Jesus estava lá em casa. Marta foi preparar uma refeição especial para Ele e seus discípulos. Eu, como de costume, assentei-me a seus pés, e dele jorrava torrentes de ensinamentos maravilhosos. Eu sorvia cada palavra que Ele proferia. Seus ensinamentos enchiam meu coração de alegria e minha alma de doçura. Não conseguia ver nada mais importante do que me assentar a seus pés e aprender dele. O tempo passava tão rápido. Suas palavras eram mais doces do que o mel. Tinham mais valor para mim do que muito ouro depurado.

Eu preciso admitir que era muita coisa para Marta fazer sozinha. Embora ela fosse tão despachada e tivesse muita habilidade e experiência, ficou brava comigo e até pediu a Jesus para me dar uma bronca. Queria que eu me levantasse para ajudá-la. Nem precisei responder nada para Marta. Jesus mesmo disse a ela: "Marta, Marta! Você anda inquieta e se preocupa com muitas coisas. Entretanto, pouco é necessário ou mesmo uma só coisa; Maria, pois, escolheu a boa parte, e esta não lhe será tirada".

Que alívio foi para mim! Eu continuei ali, então, assentada aos pés de Jesus. Ouvir seus ensinamentos era melhor do que saborear as comidas mais gostosas que Marta estava preparando. Posso garantir a você, assentar aos pés de Jesus para ouvi-lo é o lugar mais alto que podemos estar. Estar aos pés de Jesus para ouvir-lhe os ensinamentos é a melhor sala de aula do mundo.

Ouvir sua voz acalma os vendavais da nossa alma. Suas palavras são espírito e vida. Sua palavra é luz que alumia e aquece. Ela restaura a alma e alegra o coração. Ah, sempre que ouvia Jesus, eu saia cheia de uma imensa alegria. Era um gozo inefável. Meus olhos brilhavam. Meu coração ardia. Meu amor por Jesus crescia cada vez mais.

Como você já devem saber, o ministério de Jesus foi concentrado mais na Galileia, a parte norte de Israel. Ele só vinha em nossa casa, em Betânia, perto de Jerusalém, algumas vezes por ano. Na verdade, Jesus não era muito bem acolhido na Judeia. Os líderes religiosos, os fariseus, os escribas e os saduceus tinham ciúmes dele. O sinédrio, o poderoso tribunal dos judeus, enviava escribas e fariseus para vigiar seus passos, na tentativa de pegá-lo em alguma contradição para o acusarem.

Eu tinha informações que eles até mesmo queriam prender Jesus e matá-lo por traição. Jesus não respeitava suas regras. Não andava pela cartilha deles. Não obedecia à tradição de seus anciãos e até mesmo denunciava a hipocrisia deles. O legalismo religioso imposto pelos fariseus era um jugo pesado ao nosso povo. Os saduceus já tinham se aliado a Roma e só se importavam em ganhar dinheiro. Fizeram do templo um covil de salteadores. Exploravam o povo em nome da fé. A religião havia se transformado num comércio. O lucro era o vetor que governava aquela gente disfarçada atrás da religião.

Jesus incomodava muito essa gente. Seu exemplo e seu ensinamento arrebanhavam multidões. Ele ensinava com autoridade, e não como os escribas e fariseus. Ele fazia grandes milagres, provando que, de fato, era o Messias prometido por Deus. Ele andou por toda a parte libertando do Diabo os oprimidos e os cativos. Os cegos viam, os surdos ouviam, os mudos falavam, os coxos andavam, os mortos ressuscitam. Ele alimentou os famintos, libertou os cativos e purificou os leprosos. Suas palavras eram espírito e vida. Seus milagres eram sinais de sua messianidade. Sua divindade era claramente demonstrada pelas suas obras e pelos seus atributos.

Como estava se aproximando a festa da Páscoa, os membros do sinédrio, nos bastidores religiosos, em Jerusalém, começaram a se mexer. A cidade recebia muita gente nessa época. Quintuplicava sua população. Os escribas e fariseus, mancomunados com os saduceus, começaram a traçar um plano traiçoeiro para prender Jesus e matá-lo depois da festa.

Nesse tempo, Jesus estava pregando numa região distante da minha casa. Mais ou menos um dia de viagem. Marta e eu ficamos muito aflitas porque Lázaro, nosso irmão, adoeceu. Buscamos todos os recursos disponíveis, mas ele não melhorava. Estava cada dia mais debilitado pela enfermidade. Nossos amigos vieram nos assistir. Todos sabiam de nossa amizade com Jesus. Ah, como gostaríamos que Ele estivesse ali conosco! Certamente curaria Lázaro e traria conforto para o nosso coração.

Marta, então, teve uma ideia. Chamou um amigo nosso e enviou-o a Jesus, com uma mensagem expressa: "Senhor, está enfermo aquele a quem amas". Marta nem precisou dizer: "Senhor, venha depressa. Larga tudo o que o Senhor está fazendo e corra para cá. Lázaro está quase morrendo". Nós sabíamos que Jesus nos amava e faria tudo para nos socorrer, pois quem ama tem pressa em socorrer a pessoa amada.

Marta e eu ficamos desesperadas: no mesmo dia que o mensageiro saiu de Betânia para ir ao encontro de Jesus, Lázaro morreu e foi sepultado. Soube que quando o portador da notícia deu o recado a Jesus, ele disse para seus discípulos: "Lázaro morreu", mas ao mesmo tempo afirmou: "esta enfermidade não é para morte, e sim para a glória de Deus". No segundo dia, quando o mensageiro retornou a Betânia, tentou nos consolar, dizendo para nós: Jesus mandou falar que essa enfermidade não é para morte, mas para a glória de Deus. Essa palavra nos trouxe mais angústia ainda, porque meu irmão já estava morto e sepultado.

O que mais nos afligiu é que Jesus não veio logo que recebeu a notícia. Ao contrário, ficou mais dois dias onde estava. As pessoas que estavam em nossa casa nos cobravam isso, dizendo: "Será que Ele não poderia ter evitado que Lázaro morresse? Será que não poderia ter curado Lázaro a distância? Será que Ele ama mesmo vocês?". Tudo isso nos afligia muito.

No quarto dia, Jesus apareceu em Betânia. O clima já estava muito tenso. Marta estava muito triste e nervosa. Eu chorava muito. Em nossa casa tinha muita gente tentando nos consolar, mas a dor que sentíamos era muito grande. Havia muitas perguntas e poucas respostas. Havia muita gente censurando o fato de Jesus não ter feito nada àquele a quem dizia amar.

Ao saber que Jesus estava em nossa aldeia, Marta saiu de casa correndo ao encontro dele e foi logo desabafando: "Senhor se tu estivesses aqui, meu irmão não teria morrido". Para Marta Jesus havia chegado atrasado. Sua demora, incompreensível para nós, agravou por demais o sofrimento de minha irmã. Queríamos muito que Ele, que estivera tantas vezes conosco nos dias alegres, estivesse também ao nosso lado na hora da dor.

Jesus consola Marta, minha irmã, dizendo-lhe: "Marta, seu irmão há de ressurgir". Ela que sempre tinha uma resposta pronta para toda situação, respondeu: "Eu sei que ele vai ressurgir no último dia". Minha irmã era uma mulher crente. Lá em casa, estudávamos a Palavra de Deus e sabíamos que a ressurreição é uma realidade inegável, que acontecerá no último dia. É claro que nossas convicções de fé não anulam nossa humanidade. Mesmo crendo na ressurreição, estávamos de luto. E Marta não escondeu isso.

Marta deixou Jesus onde estava, entrou em casa e me disse, em secreto: "O Mestre chegou e te chama". Eu estava cercada de gente que pranteava conosco. Saí de fininho, para não chamar atenção. As pessoas pensaram que eu estivesse indo chorar no túmulo de Lázaro. Quando eu cheguei e vi Jesus, lancei-me a seus pés, chorando copiosamente. Ele era meu amigo e Senhor. Ele nos amava e eu o amava. Então, abri meu coração para Jesus e lhe disse: "Senhor, se tu estivesses aqui, meu irmão não teria morrido". Parece até que Marta e eu ensaiamos as mesmas palavras para dizer a Jesus. É que na hora da dor, queremos aqueles a quem amamos perto de nós, sobretudo Jesus, que é Deus Todo-poderoso!

Jesus perguntou-me: "Maria, onde o pusestes?" Então levei Jesus até o túmulo de Lázaro, meu irmão. Quando Jesus viu o túmulo de Lázaro, seu amigo, ele também chorou. Algumas pessoas que viram Jesus chorar disseram: "Vede como Ele o amava!" As lágrimas de

Jesus me comoveram e foram uma evidência para as pessoas que estavam conosco de seu amor por nós.

Não dava mais para Jesus ficar escondido do povo que se ajuntava ao redor do túmulo. Então, Ele deu uma ordem: "Tirai a pedra". Marta protestou: "Senhor, já cheira mau". O que Marta estava querendo dizer era: "Senhor, agora é tarde demais. Temos aprendido dos nossos rabinos que um morto pode ressuscitar até o terceiro dia, mas a partir do quarto dia é impossível. Só o próprio Deus pode fazer esse milagre". Jesus repreendeu minha irmã, dizendo: "Marta, se creres, verás a glória de Deus!". Meu coração estava acelerado. Será que Jesus iria ressuscitar Lázaro? Será que seu poder chegava a esse ponto?

Quando a pedra foi tirada, Jesus chegou bem perto da boca do túmulo, um buraco cavado numa rocha, e gritou bem alto: "Lázaro, vem para fora!" Todo mundo ficou pasmo, com a respiração suspensa. Eu cravei meus olhos na boca do túmulo. De repente, para nossa alegria e espanto, Lázaro brota daquela caverna mortuária, todo envolto nos lençóis.

Houve um misto de espanto e alegria no meio daquela multidão. Eu não sabia se chorava ou se dava brados de alegria. Marta estava paralisada de tanta emoção. O povo boquiaberto não sabia o que dizer. Era um milagre nunca visto na história. Ficou mais do que claro para nós que Jesus, de fato, não era apenas um amigo achegado, era o próprio Filho de Deus entre nós.

Jesus mandou desatar meu irmão das vestes mortuárias e deixá-lo ir. Ah, nós abraçamos Lázaro, choramos de alegria e celebramos aquele grande milagre. Muitos naquele dia creram em Jesus. Não dava para negar que aquele portentoso sinal era uma prova de sua messianidade. Outros, porém, ficaram mais endurecidos ainda e resolveram entregá-lo aos chefões do sinédrio para matá-lo.

Eu que já tinha a experiência de assentar-me aos pés de Jesus para aprender e para chorar, passei por outra experiência linda. Permita-me contá-la a você. Não podíamos deixar passar em branco aquele momento tão importante na história de nossa família. Enquanto lá em Jerusalém os líderes religiosos tramavam a prisão e a morte de Jesus, resolvemos dar um jantar especial para Ele e seus discípulos, em Betânia, na casa de Simão, conhecido como Simão, o leproso.

Lázaro estava à mesa com Jesus e seus discípulos. Marta, como de costume, estava servindo. Eu tinha um vaso de alabastro cheinho de um perfume muito caro, feito de uma essência muito rara, chamada nardo. Ela vinha da cordilheira do Himalaia. Esse vaso de pedra de alabastro era muito lindo e comportava meio litro de perfume. O vaso já estava cheinho até a tampa. Sabe o que eu fazia? Todo mês eu juntava minhas economias e comprava mais um pouco de perfume e colocava nesse vaso. Esse perfume valia muito dinheiro. Foi avaliado em mais de trezentos denários, ou seja, o valor correspondente a um ano de trabalho.

Fiquei pensando: "Como eu posso agradecer a Jesus por um milagre tão grande em nossa casa? Como eu posso demonstrar a Ele o meu amor e a minha gratidão?".

Tem mais uma coisa importante que eu preciso lhe dizer: porque Jesus era nosso amigo, Ele compartilhou conosco que estava para ser entregue aos homens em Jerusalém, para ser preso, crucificado, e ressuscitar ao terceiro dia. Seus discípulos e algumas mulheres da Galileia que sustentavam financeiramente seu ministério já tinham escutado isso dele algumas vezes.

Eu, que morava perto de Jerusalém, sabia que nos bastidores as autoridades já tramavam contra Ele. O clima na cidade já estava muito pesado. Então eu pensei: "Vou usar esse perfume para ungir Jesus para a sua sepultura. Vou derramar todo esse perfume sobre Ele". Eu sabia que Jesus era o Messias. Eu sabia que Ele tinha vindo ao mundo para morrer pelos nossos pecados e ressuscitar para a nossa justificação.

Eu fiz para Jesus tudo o que eu pude. Eu dei a Ele o meu melhor. Fiz isso de forma sacrificial. Sabe o que eu fiz? Enquanto Ele estava reclinado à mesa, cheguei bem devagar por trás dele, quebrei o vaso de alabastro e derramei todo o perfume sobre a sua cabeça. Não queria que sobrasse nem uma gota. A casa toda se encheu daquele perfume, que escorreu sobre seu corpo e chegou até seus pés. Então, assentei-me a seus pés, e passei a enxugá-los com os meus cabelos.

Minha atitude despertou uma enorme fúria nos seus discípulos. Todos protestaram: "Isso é um desperdício!". Murmuraram contra mim. Molestaram-me, dizendo que aquele perfume poderia ser vendido por mais de trezentos denários e ser dado aos pobres. Soube depois que Judas, o tesoureiro dos apóstolos, queria embolsar esse valor. Ele era ladrão. Judas ficou tão irritado com o meu gesto que naquela mesma noite saiu de Betânia para vender Jesus aos principais sacerdotes por trinta moedas de prata.

Minha atitude de ungir Jesus para a sepultura foi considerada pelos seus discípulos como um desperdício. Mas eu não achei desperdício. Quem ama não é mesquinho. Na verdade, diante da crítica dos discípulos ao meu gesto, Jesus me defendeu, dizendo que os pobres eles tinham sempre com eles e podiam fazer bem a eles quando quisessem. Mas Ele estava indo para a cruz. Eu fiquei muito feliz com o reconhecimento de Jesus. Ele disse, ao redor daquela mesa, onde eu estava sendo alvo de críticas severas, que em todo o mundo onde fosse pregado o evangelho, essa ação seria contada para a minha memória.

Fiquei muito emocionada, porque eu não fiz isso para aparecer. Eu não fiz isso para receber nada em troca. Eu só quis expressar o meu amor. Logo eu que sou uma jovem pobre, de uma família pobre, morando num lugar pobre, teria minha memória relembrada por futuras gerações, e o meu gesto haveria de inspirar milhões e milhões de pessoas por todas as gerações.

Eu quero concluir meu testemunho dizendo a você que minha vida pode ser sintetizada em três momentos muito especiais que tive com Jesus: primeiro, eu me assentei aos seus pés para aprender. Segundo, eu me assentei aos seus pés para chorar. Terceiro, eu me assentei aos seus pés para agradecer. A melhor escola do mundo é aos pés de Jesus. A maior fonte de consolo do mundo é aos pés de Jesus. A melhor maneira de agradecer é colocar aos pés de Jesus tudo o que temos e tudo o que somos para o louvor de sua glória!

VÁ DIRETO À FONTE

Lucas 10:38-42
João 11:1-46; 12:1-8

7 EU SOU PILATOS

A minha história é conhecida no mundo inteiro. Não por aquilo que eu fui, mas pelas oportunidades que eu perdi. Permita-me contar a você um pouco dessa trajetória. Quando o rei Herodes, o Grande, morreu, ele dividiu o seu reino entre seus filhos. A parte da Judeia, onde ficava a cidade de Jerusalém, foi dada a Arquelau. Esse homem era muito mau, aliás, do mesmo estofo de seu pai. Os judeus, que já viviam debaixo do jugo de Roma, pediram que esse membro da família herodiana fosse substituído por um governador romano. O imperador Tibério César não deixou para depois. Imediatamente depôs Arquelau e nomeou um governador romano. Eu fui o terceiro governador romano da Judeia.

Quando eu cheguei a Jerusalém, percebi logo que aquele lugar era um barril de pólvora. Tive de governar com mão de ferro, para apagar os estopins que eram acesos constantemente. Os judeus eram governados por uma liderança religiosa corrupta. O sinédrio judaico tinha conflitos internos graves. Os fariseus e os saduceus tinham profundas diferenças. A disputa pelo poder religioso era notória. Herodes Antipas, que era tetrarca da Galileia, não gostava de mim.

Na verdade, ocorreu um incidente em Jerusalém e mandei matar alguns de seus súditos que vieram para as festas a fim de realizarem sacrifícios. Mandei matá-los e misturar o sangue deles com seus sacrifícios. Eu sei que foi uma atitude muito cruel. É claro, desde esse tempo, Herodes e eu nos tornamos inimigos.

Meus problemas se agravaram quando um rabino muito famoso, chamado Jesus de Nazaré, começou a atrair multidões por onde passava. Esse homem tinha doze discípulos e percorria todo o território de Israel pregando, ensinando e curando os enfermos. Todos davam testemunho que Ele fazia milagres extraordinários. Coisas impossíveis aconteciam pela manifestação do seu poder: cegos viam, coxos andavam, surdos ouviam, mudos falavam. Pasme, até mortos ressuscitavam.

É claro que isso incomodava profundamente os líderes do sinédrio, fariseus e saduceus, pois eles tinham o poder nas mãos, mas não o respeito do povo. Eles não tinham autoridade para ensinar. Os escribas e fariseus andavam atrás de Jesus como detetives, buscando sempre uma ocasião para pegá-lo no contrapé, a fim de acusá-lo. Nunca conseguiram achá-lo em nenhuma falta. Sempre saíam derrotados em suas investidas.

Numa festa da Páscoa, quando Jerusalém estava superlotada, esses líderes tramaram contra Jesus. Faziam muitas acusações contra Ele. Pediram-me até mesmo um destacamento policial especial para prendê-lo no jardim do Getsêmani. Como não queria saber de tumulto em Jerusalém, cedi ao pedido deles. Pois bem, na quinta-feira à noite, durante a festa, montaram uma forte escolta e, fortemente armados, foram para o jardim, onde havia uma prensa de azeite, para prender Jesus. Soube mais tarde que um discípulo dele, chamado Judas Iscariotes, recebeu dinheiro dos principais sacerdotes para traí-lo.

Jesus foi preso e levado aos empurrões para a casa do sumo sacerdote para ser interrogado. Contrataram testemunhas falsas para acusá-lo. Cuspiram no rosto dele e davam bordoadas em sua cabeça. Na verdade, esses mandatários da religião judaica queriam se ver livre dele de qualquer jeito. Pois é, tramaram então contra Jesus e costuraram duas graves acusações contra Ele. Acusaram-no de blasfêmia e sedição.

Na sexta-feira de manhã, trouxeram Jesus, amarrado, à minha presença e fizeram várias acusações contra Ele. Eu sabia que esse rabino era inocente. Eu tinha plena convicção de que os principais sacerdotes eram movidos pela inveja. Então, depois de ouvir Jesus, disse a eles que não via nele crime algum.

Sabendo que Jesus era da Galileia e sabendo ainda que Herodes estava na cidade de Jerusalém, senti-me aliviado, e imediatamente encaminhei o acusado a ele. Queria me ver livre daquele julgamento. Soube que Herodes tentou arrancar dele alguma palavra, ou ver Jesus fazer algum milagre, mas Ele ficou em completo silêncio diante daquele monarca com índole de raposa.

Para minha angústia, Herodes me devolveu Jesus sem qualquer sentença. Então disse ao povo que o castigaria e depois o soltaria. Mesmo sabendo que isso era uma crueldade, apresentei essa proposta. Minha intenção era aplacar a fúria daqueles líderes que insuflavam o povo. Que nada, os sacerdotes ficaram ainda mais furiosos!

Então tentei outra possibilidade. Era costume em Jerusalém dar indulto a um prisioneiro e soltá-lo durante a festa. Pensei: "Vou propor Barrabás ou Jesus". Como Barrabás era um criminoso muito perigoso, um assassino cruel e um assaltante à mão armada, pensei que eles fossem escolher soltar Jesus e manter aquele monstro atrás das grades. Que nada! Esses líderes estavam cegos e cheios de ódio. Gritaram sem parar: "Solte Barrabás e crucifique Jesus!"

Percebi que a coisa estava ficando incontrolável. Voltei a interrogar Jesus, perguntando se de fato Ele era rei. Para minha surpresa, disse-me que tinha vindo ao mundo para isso, mas que seu reino não era deste mundo. Aí fiquei mais aflito e mais sobressaltado ainda. Compreendi que esse Jesus não era apenas um homem comum. Fiz de tudo para soltá-lo, mas os sacerdotes gritavam com mais veemência para crucificá-lo. Eu estava num beco sem saída.

No meio daquele julgamento tumultuado, minha esposa mandou-me um recado urgente: "Não se envolva com esse justo. Em sonho muito sofri por causa dele". Minha consciência estava perturbada. Eu estava confuso. Precisava tomar uma decisão. Sabia qual decisão tomar, o acusado era inocente, mas a pressão só aumentava.

Então, os sacerdotes que atiçavam o povo contra Jesus e, por tabela, contra mim, afirmaram que se eu soltasse Jesus estaria contra César, pois todo aquele que se faz rei é inimigo de César. Não deu mais para segurar aquela barra. Estava entre a consciência e a conveniência, entre a verdade dos fatos e a minha permanência no cargo. Aqueles líderes já haviam conseguido tirar Arquelau do poder. Se eu desagradasse àqueles homens, eles iriam fazer minha caveira diante de César. Então mandei trazer uma bacia de água e diante deles lavei as minhas mãos.

Eu preciso admitir minha covardia e fraqueza. Acabei cedendo à pressão. Mesmo contra minha consciência, acabei entregando Jesus à sanha daqueles líderes sedentos por sangue. Para me ver livre daquele caso constrangedor, entreguei Jesus aos soldados para castigá-lo e crucificá-lo.

Os soldados teceram uma coroa de espinhos e cravaram-lhe na fronte. Tiraram sua túnica e zombaram dele, dando-lhe bordoadas na cabeça. Aqueles homens pareciam feras selvagens. Não havia neles qualquer compaixão, como não houve em mim qualquer coragem. Açoitaram Jesus com crueldade desumana. Seu corpo ficou completamente rasgado. Depois dessa covardia, os soldados colocaram ainda aquele pesado lenho sobre suas costas, e Ele todo machucado foi levando àquela cruz, debaixo de vaias e algazarra de uma multidão ensandecida. Os principais sacerdotes chagavam a babar de tanto prazer em ver Jesus sendo levado para fora da cidade para ser crucificado.

Se você pensa que aquela foi uma decisão fácil para mim, posso lhe garantir que não foi. Fui muito covarde. Agi contra a minha consciência. Jesus, mesmo ferido, estava sereno diante de mim. Eu é que estava perturbado. Parecia até que eu era o réu, e Ele, o juiz. Para agravar a minha crise de consciência, não atendi ao apelo de minha esposa. Ela estava certa, e eu, errado. Acabei me envolvendo com aquele justo. Eu entreguei Jesus para ser crucificado mesmo sabendo que Ele era inocente e seus acusadores, culpados.

Tentei de todas as formas escapar daquela responsabilidade. Mas nada! Eu precisei tomar a decisão e tomei a decisão errada. Eu tentei me eximir da responsabilidade, lavando as mãos, mas o sangue dele continua em minhas mãos. Vivi atormentado o resto dos meus dias. Nunca mais tive paz. As noites eram longas para mim. Amei mais o meu prestígio que a justiça. Amei mais o meu cargo que a verdade. Condenei um inocente, e esse inocente era o Filho de Deus. Meu nome foi parar no Credo dos apóstolos e todas as gerações me viram dali para frente como o homem diante de quem Jesus, o Filho de Deus, padeceu. Desperdicei todas as minhas oportunidades.

Nunca mais tive condições de governar com segurança. Era um homem destruído. Mais tarde fui deposto de meu cargo de governador e deportado para um lugar longínquo, onde morri na solidão. Confesso a você: eu morri atormentado pela culpa. Morri, desesperadamente tentando tirar o sangue daquele inocente de minhas mãos.

Fracassei. Fui covarde. Morri na impiedade. Nem toda a eternidade poderá aliviar a minha dor nem apagar as chamas do meu tormento. Eu que tentei me livrar de Jesus não consigo viver um minuto de paz sem ser atormentado pela culpa de ter estado com Ele e o condenado à morte de cruz, sendo Ele inocente. Eu, sendo um gentio, me uni aos judeus para condenar o Filho de Deus à morte.

Eu sou Pilatos. Condenei Jesus, e agora a história me condena. Fui injusto no tribunal dos homens, condenando à morte o Filho de Deus, mas fui considerado culpado e condenado no justo tribunal de Deus. A oportunidade veio e passou, e eu não a aproveitei. Para mim não tem mais jeito. Para você, a porta da graça ainda está aberta. O que você fará de Jesus, chamado o

Cristo? Eu, Pilatos, perdi minha última oportunidade, mas você pode buscar ao Senhor enquanto é tempo e invocá-lo enquanto Ele está perto!

VÁ DIRETO À FONTE

Mateus 27
Marcos 15:1-15, 43
Lucas 3:1; 13:1; 23:1-25, 52
João 18:18—19:22, 31, 38
Atos 3:13; 4:27; 13:28
1Timóteo 6:13

8 EU SOU PEDRO

Eu sou Simão, conhecido como Pedro, filho de João e irmão de André. Nasci em Betsaida, às margens do mar da Galileia, e ali me criei. Cresci nessa região encantadora da Galileia. Vivi ao redor desse grande lago, conhecido como lago de Genesaré, o maior reservatório de águas doces do Oriente Médio, cercado pelas montanhas de Golan, do lado Oriental, e pelas montanhas da Galileia, do lado Ocidental, a duzentos e vinte metros abaixo do mar Mediterrâneo. Por ter crescido nessa região, tornei-me um pescador. Cheguei a abrir uma empresa de pesca. Eu, André, Tiago e João, os filhos de Zebedeu, éramos sócios dessa empresa.

Depois que me casei, mudei-me para Cafarnaum e minha sogra foi morar comigo. Cafarnaum tinham um fluxo maior de gente. Ali nosso comércio tinha melhor desempenho. Por ali passavam as caravanas que vinham de Damasco rumo ao Egito. Nessa cidade, tinha um posto fiscal, uma aduaneira, e os impostos eram cobrados dos que trafegavam por essa estrada levando seus produtos.

A cidade de Cafarnaum mudou completamente sua rotina quando veio morar entre nós Jesus de Nazaré. Sua fama já era notória pelo teor de seus ensinamentos e pelos seus poderosos milagres. Muita gente se juntava para ouvi-lo.

Em uma noite como qualquer uma das outras, meus sócios e eu saímos para pescar. Pescávamos a essa hora e vendíamos os peixes no raiar do dia, ali mesmo, na praia. Naquela noite, trabalhamos duro, mas não pegamos nada. Jogamos as redes para lá e para cá e nada. Não tínhamos um peixe sequer para oferecer para os nossos clientes. Também nenhum denário entraria em nosso caixa. Parecia ser uma noite perdida.

Para nossa surpresa, quando estávamos lavando as redes para o árduo trabalho da noite seguinte, bem perto de nós havia uma multidão ouvindo Jesus. Meu barco e outro barco da nossa empresa estavam ancorados. Quanto mais Jesus ensinava, mais gente ia chegando. Eles até apertavam Jesus, pois não havia mais espaço para tanta gente. De repente, Jesus deixa um pouco a multidão e volta-se para mim, e diz: "Pedro, afasta o seu barco da praia". Ele entrou e eu empurrei o barco a alguns metros da praia e dali Jesus ensinou àquela grande multidão.

Todo mundo o ouvia com grande interesse. De sua boca saíam palavras de sabedoria e de vida eterna. Todos nós estávamos maravilhados. Depois de uma pausa, Jesus falou comigo de novo: "Pedro, pegue o outro barco e vá lá no fundo e lança as redes novamente, para pescar". Fiquei pensando: "Para que fazer isso?". Já tínhamos trabalhado a noite toda sem resultado algum. Já era dia e aquela não era a melhor hora para pescar. Mas, de repente, um lampejo de fé brotou no meu coração, e eu disse para Jesus: "Senhor, nós trabalhamos a noite toda e nada apanhamos, mas sob a tua palavra eu lançarei as redes".

Peguei apressadamente o barco, catei as redes, remei até a parte mais funda do lago, e então lancei as redes. Foi incrível. Um cardume começou a pular nas redes. Elas começaram a se romper. Eu comecei a catar os peixes. Era muita coisa. Fui enchendo o barco de peixes. E já não cabia mais. Gritei, então, para levarem o outro barco. Ambos os barcos ficaram cheios de peixes. Que coisa incrível! Nunca tínhamos visto isso em anos de trabalho. Logo percebi que não se tratava de uma pesca comum. Era, sem dúvida, uma pesca milagrosa. Então, tomado de grande quebrantamento, deixei os barcos para trás com as redes e os peixes, nadei até a orla, onde estava Jesus, prostrei-me a seus pés e lhe disse: "Senhor, afasta-te de mim, eu sou um pecador".

Foi nesse momento que uma reviravolta aconteceu em minha vida. Jesus me disse: "Não tenha medo, Pedro, a partir de hoje eu farei de você um pescador de homens". Naquele momento, eu senti que fui pescado pela rede da graça de Deus. Ah, deixei todos os meus projetos pessoais para trás. Fechei nossa empresa. Abandonei tudo e comecei a seguir Jesus. Aquele era o mais fascinante projeto de vida.

Tornei-me discípulo dele. Que alegria explodiu em meu peito! Estar perto de Jesus! Ouvir seus ensinamentos, ver seus milagres e perceber como as pessoas eram transformadas. Ah, como Ele era diferente dos escribas e fariseus! Ele tinha autoridade para ensinar. Quando Ele dava uma ordem, os demônios batiam em retirada e as pessoas possessas eram libertas. Diante do poder dele, os cegos viam, os surdos ouviam, os mudos falavam, os coxos andavam, os leprosos eram purificados e, pasme, até os mortos ressuscitavam.

Por onde Jesus passava, multidões vinham a ele, e Ele ensinava aquele povo com grande ternura e compaixão, curava seus enfermos e até alimentava as multidões, multiplicando para elas pães e peixes.

Preciso dizer que isso despertou uma fúria enorme no coração dos líderes religiosos de Jerusalém. Os escribas e fariseus saíam lá de Jerusalém só para vigiar seus passos, buscando uma oportunidade para encontrá-lo em alguma contradição, a fim de formalizarem uma acusação contra ele. Coitados! Nunca conseguiram pegar o Mestre numa falha. Eles é que ficavam presos no cipoal de suas próprias armadilhas.

Preciso admitir que meus colegas, os outros discípulos e eu tínhamos muitas dificuldades de entender e alcançar os ensinamentos de Jesus. Eu mesmo sempre fui um homem muito impetuoso. Sempre oscilei entre a coragem e a covardia; a fé e a incredulidade; a fidelidade e a negação. Minha vida parecia mais uma gangorra.

Pense você: um dia eu acabei de afirmar que Jesus era o Filho do Deus vivo e logo em seguida eu o repreendi, dizendo que Ele devia ter compaixão de si mesmo e deixar de lado aquela ideia de morte na cruz. Ah, Jesus me passou uma severa reprimenda. Noutra ocasião, no monte da transfiguração, falei sem pensar e acabei colocando Jesus no mesmo nível de Moisés e Elias, os representantes da lei e dos profetas. Dessa vez foi a própria voz do céu que me repreendeu, dizendo que Jesus era o Filho Amado, o seu eleito e só a Ele devíamos ouvir.

Ah, lembrei-me de uma história bem interessante. Permita-me contá-la a você. Certa noite nós estávamos enfrentando uma terrível tempestade no mar da Galileia. Nosso barco era varrido de um lado para o outro, sob a fúria dos ventos. Já passava das três horas da madrugada, e nada de o mar se acalmar. O medo tomou conta de todos nós. A morte nos mostrava sua carranca. Achávamos que íamos morrer naquela noite. De repente, vimos algo estranho bem diante dos nossos olhos. Um relâmpago riscou os céus e vimos um ser andando sobre as águas. Todos nós gritamos de medo: "É um fantasma!".

Foi nesse momento que Jesus nos disse: "Não tenham medo, sou eu. Tenham bom ânimo". Ah, eu não pestanejei. Logo disse para Jesus: "Se és tu, Senhor, manda-me ir ter contigo por sobre as águas". Pasme você, Ele me ordenou: "Vem". Pulei do barco na mesma hora e comecei a andar sobre as águas. Aquilo parecia ser maravilhoso demais para ser verdade. Meus pés deslizavam sobre as ondas como se eu estivesse pisando em terra firme. Parecia mesmo um sonho.

De repente, porém, eu vi as ondas gigantescas vindo na minha direção e o vento forte me empurrando com violência. Nessa hora senti medo e comecei a afundar. O mar me engoliu e eu pensei que ia perecer. Gritei imediatamente: "Senhor, socorre-me". Ah, Jesus prontamente me estendeu a mão e me levantou e ainda me passou uma reprimenda: "Homem de pequena fé, por que você duvidou?". Quando entramos no barco, a tempestade cessou. Todos nós tivemos que confessar: "Verdadeiramente tu és o Filho de Deus". E ali mesmo dentro do barco, nas altas horas da madrugada, o adoramos.

Noutra ocasião, em nossas caminhadas com Jesus, chegamos ao extremo norte de Israel, sim, lá no sopé do monte Hermon. Ali ficava uma cidade chamada Cesareia de Filipe. Jesus então fez uma sabatina conosco, perguntando-nos qual era a opinião do povo a seu respeito. Fomos francos com o nosso Mestre. Falamos para Ele que o povo estava completamente confuso. Alguns pensavam que Ele era João Batista; outros diziam que Ele era Elias; outros ainda afirmavam que Ele era Jeremias ou algum dos profetas.

Então, Jesus nos perguntou: "E vocês, quem vocês dizem que eu sou?". É claro que eu não podia esperar que outro respondesse na minha frente. Logo afirmei, com convicção: "Tu és o Cristo, o Filho do Deus vivo". Achei que minha resposta até merecia um elogio. Mas Jesus me disse: "Pedro, não pense que você sabe quem eu sou porque você é mais inteligente que os demais. Você só sabe quem eu sou porque o Pai me revelou a você". Jesus me surpreendeu com outra declaração: "Eu também lhe digo que você é Pedro, e sobre esta pedra edificarei a minha igreja".

Ah, essa declaração de Jesus tem dado o que falar. Você acredita que tem muita gente que pensa que eu sou a pedra fundamental da igreja? Ah, outros defendem que foi o que eu disse que é o fundamento da igreja. É claro que Jesus estava fazendo um trocadilho, com o meu nome e com a palavra pedra, dizendo que eu sou um fragmento de pedra, arrancado de um maciço rochoso, mas Ele, Jesus, é a pedra, a rocha, sobre a qual a igreja está edificada.

Na verdade, Jesus é o fundamento, o dono, o edificador e o protetor da igreja. Eu mesmo cheguei a declarar essa verdade no meu sermão em Jerusalém e na primeira carta que escrevi aos crentes dispersos pelo mundo por causa da perseguição. A igreja não está edificada sobre nenhum homem, quanto mais sobre mim. Tenho plena consciência de que eu sou o mais instável dos apóstolos!

Eu estava tão feliz de ter declarado publicamente minha fé em Jesus quando Ele nos deixou atônitos com uma informação chocante. Disse que era necessário subir para Jerusalém e sofrer muitas coisas nas mãos dos principais sacerdotes e escribas. Ele falou até mesmo que seria crucificado e então ressuscitaria no terceiro dia.

Ah, eu não aguentei. Chamei Jesus à parte e me senti na liberdade de reprová-lo. Disse com toda firmeza a ele: "Tem compaixão de ti, Senhor, isso de modo algum te acontecerá". Achei que estava demonstrando meu amor por Jesus, mas Ele me passou uma severa reprimenda. Aliás, Ele foi duro comigo. Encarou-me firmemente e me disse: "Arreda, Satanás! Tu és para mim pedra de tropeço, porque não cogitas das coisas de Deus e sim dos homens". É claro que Jesus não estava dizendo que eu era Satanás nem muito menos que eu estava endemoninhado. Jesus também não estava me mandando embora. Ele estava, na verdade, mandando Satanás, que estava me tentando, bater em retirada.

Ah, como Jesus é maravilhoso. Mesmo diante dos meus tropeços, Ele continuava investindo em mim.

Prova disso é que uma semana depois lá estava Ele novamente demonstrando seu cuidado por mim. Sabe o que aconteceu? Ele me convidou juntamente com Tiago e João para irmos com Ele para o alto de um monte. Ali, Jesus dedicou-se à oração, e nós nos agarramos no sono. Meus olhos pesavam de tanto sono. Não conseguia nem ficar acordado direito, quanto mais orar.

Naquele dia, algo tremendo aconteceu. Ainda estávamos tristes pelo fato de Jesus ter falado conosco sobre sua morte. Eu e meus amigos não tínhamos ainda alcançado o fato de que Ele viera para morrer e dar sua vida em resgate pelo seu povo. De repente Jesus foi transfigurado em nossa frente. Ficamos pasmos. Seu rosto brilhava como o sol. Suas vestes resplandeciam de brancura. Gente, nunca vi nada igual! Ele estava abrindo as cortinas do céu e mostrando para nós um lampejo da glória. Ah, no mesmo instante apareceram em glória Moisés e Elias, conversando com Jesus sobre sua partida para Jerusalém.

Mesmo diante desse milagre, eu ainda lutava para ficar acordado. O sono estava quase me vencendo. Depois que os dois varões se aproximaram de Jesus, eu, que pensava estar no controle da situação, disse a Ele: "Mestre, bom é estarmos aqui; então, façamos três tendas: uma será do Senhor, outra de Moisés e outra de Elias". Eu falei aquilo no arroubo do meu entusiasmo, mas eu nem sabia o que estava falando. Na verdade, estava fazendo uma comparação indevida, pois naquele momento eu comparei e equiparei Jesus a Moisés, o representante da lei, e a Elias, o representante dos profetas. Mas Jesus era maior do que eles.

Ah, naquele mesmo momento, veio uma nuvem luminosa e nos envolveu. Ficamos tomados de medo ao entrarmos naquela nuvem. Chegamos a cair debruço de tanto pavor. Pasme, de dentro da nuvem veio uma voz, corrigindo a minha comparação equivocada: "Este é o meu Filho, o meu eleito; a Ele ouvi". Quando cessou aquela voz divina e olhamos para Jesus, Ele estava sozinho. Ficamos mudos e pensativos. De fato, Ele era mais que um grande homem. Ele era mesmo o Filho de Deus!

Jesus desceu daquele monte firmemente decidido a caminhar para Jerusalém, a fim de morrer no lugar do seu povo. Ah, como foi maravilhoso seguir seus passos rumo a Jerusalém. Ele pregou, ensinou e curou muitos enfermos. Por onde ia, de cidade em cidade e de aldeia em aldeia, ia anunciando o evangelho do reino e confirmando esse glorioso evangelho, com grandes milagres e eloquentes sinais.

Enfim, chegou a hora de subir para Jerusalém. Era a Festa da Páscoa. A resistência a Jesus entre os líderes religiosos de Jerusalém só crescia. Enquanto caravanas subiam para os festejos, nós também rumamos para lá. Não foi nada fácil para nós. A cidade estava entupida de gente. Os soldados romanos vigiavam a cidade. Pilatos tinha muito medo de rebelião por causa da multidão que se juntava na cidade nessa festa. Nos bastidores, eu sabia que a coisa estava fervendo.

Jesus resolveu entrar na cidade montado num jumentinho. Ah, mesmo fazendo uma aparição tão humilde, Ele foi aclamado pela multidão. Até as crianças prestaram sua homenagem a Ele. Quando Jesus estava entrando na cidade, Ele chorou copiosamente. Ele chegou a confessar que aquela era a cidade que havia matado os profetas no passado e agora estava perdendo o tempo de sua visitação.

Ao entrar na cidade, Jesus foi para o templo. Ali se aglomerava grande multidão. Fiquei pasmo de ver como Ele pegou pesado com os comerciantes e cambistas do templo. Ele derrubou as mesas e expulsou os vendilhões do templo. Acusou-os de terem transformado a casa de Deus, um lugar de oração, num covil de salteadores. Isso despertou ainda mais a fúria dos saduceus contra Jesus. Eles controlavam toda a área do templo. Os fariseus, por sua vez, já estavam de crista baixa, porque tentaram pegar Jesus de todo jeito em alguma contradição. Quanto mais eles armavam cilada para Ele, mais eles caíam na sua própria esparrela.

Meus amigos e eu não sabíamos, mas Judas Iscariotes, que era o tesoureiro do nosso grupo, tinha trocado de lado e passado para o time do inimigo. Ele, traiçoeiramente, nos deixou lá na casa de Simão, em Betânia, onde Maria, irmã de Marta e Lázaro, ungiu Jesus com um perfume caríssimo. Confesso que todos nós ficamos furiosos com Maria. Era muita grana. Achávamos que aquele dinheiro poderia ter sido usado para socorrer os pobres. Judas ficou tão irritado que saiu dali e foi vender Jesus aos principais sacerdotes por trinta moedas de prata.

Nesse ínterim, Jesus deu uma ordem a João e a mim para prepararmos um lugar para Ele comer a Páscoa conosco. Ele nos deu todas as dicas de como encontrar o lugar. Seguindo suas ordens, preparamos o cenáculo, uma espaçosa sala no topo do monte Sião. Era quinta-feira à noite. A mesa posta. O cordeiro assado, os pães sem fermento, as ervas amargas, o vinho. Tudo estava pronto. Havia ao lado uma bacia com água, e uma toalha dependurada. Era nosso costume não nos aproximarmos da mesa sem antes lavarmos os pés.

As mesas, no meu tempo, eram baixas, e nossos pés estavam muito empoeirados. Mas não tínhamos entre nós nenhum serviçal para prestar aquele serviço. Ficamos constrangidos de tomar a iniciativa para lavar os pés uns dos outros. Então, resolvemos assentar-nos à mesa com os pés sujos mesmo. Ah, estávamos muito empolgados com esse momento só nosso com Jesus. Éramos muito privilegiados. Até discutimos entre nós naquele momento quem de nós teria maior proeminência no reino dele.

De repente, Jesus nos quebrou pelo meio. Ele arrebentou com cada um de nós. Ele se levantou. Pegou a bacia e a toalha e começou a lavar os pés dos meus amigos. Foi um constrangimento total. Todos estavam mudos e envergonhados. Logo Ele, o Senhor e Mestre. Logo Ele, o Messias, o Filho de Deus, fazendo aquele serviço de um escravo.

Quando Jesus chegou à minha frente, eu não me contive. Perguntei a ele: "Tu me lavarás os pés a mim?". Eu não podia aceitar aquilo. Ele então me respondeu: "O que eu faço agora, tu não o entendes; entendê-lo-ás depois". Eu então fui firme com o Mestre e disse-lhe: "Nunca me lavarás os pés". Com isso estava dizendo para Ele que jamais permitiria que se humilhasse daquele jeito. Mas Jesus me enquadrou de novo, dizendo: "Se eu não te lavar os pés, tu não tens parte comigo". Jesus quebrou todas as minhas reservas. Prontamente disse a ele: "Então, Senhor, tu podes lavar os meus pés, as minhas mãos e até a minha cabeça".

Coitado de mim, eu não estava compreendendo o teor espiritual daquele gesto. Jesus então me explicou: "Pedro, vocês todos, exceto Judas, já estão limpos, ou seja, vocês já passaram pelo lavar regenerador do Espírito Santo. Porém, vocês precisam constantemente de purificação". Eu compreendi que Jesus estava falando sobre o processo da santificação.

Naquela noite Jesus falou para nós sobre seu amor, sobre o céu, sobre a casa do Pai, sobre sua segunda vinda, sobre o derramamento do Espírito Santo. Naquela noite, Jesus instituiu a Santa Ceia, inaugurando em seu sangue a nova aliança. Ah, quanta emoção naquela noite!

Estávamos tão cheios de grandes e profundas emoções que nem conseguimos perceber que bem ali diante dos nossos olhos Jesus estava desmascarando Judas. Ele já tinha vendido nosso Mestre. Era um traidor. Um ladrão. Rapidamente, Judas se levantou da mesa, tomado pelo Diabo, e embrenhou-se na escuridão daquela noite para nunca mais voltar.

Jesus deu-nos suas últimas instruções, cantou um hino e saímos juntos para o monte das Oliveiras. O clima estava pesado. Parecia que o ar quente da tentação soprava sobre nós. O bafo do Diabo parecia ventar em minha nuca. Quando começamos a descer do cenáculo, Jesus nos alertou: "Nesta noite, todos vós vos escandalizareis comigo. Como está escrito: 'Ferirei o pastor e as ovelhas ficarão dispersas'". Nosso coração batia mais forte. Será que Jesus seria ferido? Será que nós ficaríamos dispersos? Quando estava cogitando essas coisas, Jesus se aproximou de mim e me alertou: "Pedro, Satanás requereu você, para peneirá-lo como trigo, mas eu orei por você, para que sua fé não desfaleça. Quando você se voltar para mim, fortaleça a seus irmãos".

Ah, eu não consegui me conter mais: eu disse para Jesus que eu estava percebendo o clima pesado. Sabia que nos bastidores os líderes de Israel tramavam sua morte. Sabia que meus amigos não suportariam toda aquela pressão. Então eu falei: "Senhor, ainda que todos te abandonem, eu jamais. Por ti darei a minha própria vida. Estou pronto a ir contigo para a prisão e para a morte". Eu estava sendo sincero. Mas, confesso, estava confiando em mim mesmo para falar essas palavras para Jesus.

Até pensei que Jesus fosse me elogiar. Mas que nada! Ele me olhou bem nos olhos e me disse: "Pedro, falo a verdade com você, nesta mesma noite, antes que o galo cante, você me negará três vezes". Parece que o mundo desabou sobre a minha cabeça. Confesso que a partir dali eu me calei. Naquela noite dramática, nós cruzamos o vale de Cedrom e mergulhamos no sopé do monte das Oliveiras. Ali havia um jardim, onde ficava uma prensa de azeite. Jesus sempre ia ali orar.

Quando chegamos, Jesus me chamou junto com Tiago e João e disse: "Vocês três vêm comigo". Deixou os outros discípulos para trás, e, ao ficar só comigo, Tiago e João, Ele abriu-nos o coração e disse que estava profundamente angustiado, sentindo na verdade uma angústia de morte. Até pediu para orarmos e vigiarmos com Ele.

Depois dessas palavras, o Senhor avançou um pouco mais para o interior do jardim. Pasme você, Jesus estava prostrado com o rosto no chão chorando e orando. Ele demorou tanto na oração que nós três pegamos no sono. Depois de um tempo, Ele veio e me despertou, passando-me uma descompostura: "Pedro, você não pode vigiar comigo nem uma hora?". Aí ele me deu uma ordem: "Vigie e ore para que não entrar em tentação". Jesus orou três vezes sozinho e Tiago, João e eu dormimos o tempo todo. Acho que nós dormimos de tristeza.

De repente, um barulho. O tropel de uma multidão. Muita gente se aproximando com lanternas, porretes. Jesus veio nos despertar, dizendo: "Vocês ainda estão dormindo e repousando. Acordem. Vamos embora, pois o inimigo se aproxima". Acordei assustado com aquela turba que chegava. Saquei minha espada e comecei a lutar. Cheguei até mesmo a decepar a orelha de um soldado chamado Malco. Ainda bem que Jesus curou esse homem, caso contrário eu estaria encrencado.

Jesus me falou para guardar a espada. Essa não era a luta que eu deveria travar. Naquela noite, pasme você, Judas estava liderando a turba que prendeu

Jesus. Ele o traiu com um beijo. Que decepção com o nosso colega! Quando os soldados botaram as mãos em Jesus, nós todos fugimos acovardados. Gente, até eu, que pensava que era mais forte do que meus amigos, fui dominado pelo medo. Eu também fugi e me acovardei. Eu comecei a seguir Jesus de longe.

Jesus foi levado para a casa do sumo sacerdote. O sinédrio estava reunido para interrogá-lo. Tinham contratado testemunhas falsas para acusá-lo. Acompanhado de João, consegui entrar no pátio da casa do presidente do sinédrio. Tinha uma fogueira lá e eu fiquei ali me aquecendo. Só que eu não esperava que alguém fosse me identificar naquela situação. Para meu constrangimento, uma criada olhou bem para mim, e me reconheceu, falando diante de todos que me conhecia e afirmou ainda que eu era um discípulo de Jesus, o galileu. Ah, por um impulso, neguei Jesus diante de todos, dizendo que eu não sabia o que ela estava falando.

Achei que ali não era um lugar seguro para mim. Fui para o alpendre da casa. Não tardou para que outra criada me visse e dissesse para as pessoas que estavam perto dela: "Aquele homem ali também estava com Jesus, o Nazareno". Meu coração gelou. Mais uma vez tentei me proteger e jurei diante de todos que eu não conhecia Jesus.

Minha mente estava perturbada. Meu coração batia acelerado dentro de meu peito. Para minha surpresa, um bando de homens mal-encarados me cercaram e me ameaçaram, dizendo que eu era discípulo de Jesus, porque o meu sotaque galileu era indisfarçável. Ah, para escapar daquela situação embaraçosa, eu comecei a praguejar e a negar Jesus com toda veemência. Nessa hora, o galo cantou, Jesus olhou para mim com um olhar penetrante, e eu me lembrei de suas palavras. Ah, eu desabei! Eu desatei a chorar. Saí dali chorando amargamente. Quão covarde eu fui. Estava negando o meu nome, a minha fé, o meu apostolado e o meu Senhor. Eu que fui chamado de um fragmento de pedra, não passava de pó.

Eu fugi e me escondi covardemente enquanto Jesus foi acusado, condenado, pregado na cruz e sepultado. Cheguei a pensar que não tinha mais esperança para mim. Eu tinha desistido de tudo. Mas, para minha surpresa, Jesus cumpriu o que nos prometera na Galileia. Ele ressuscitou. E pasme: mandou-me um recado especial, dizendo que queria encontrar-se comigo na Galileia. Eu nem acreditei. Jesus não tinha desistido de mim!

Então, eu e mais seis discípulos de Jesus partimos para lá. Você nem imagina como foi aquela jornada a pé de Jerusalém para a Galileia. São mais de cem quilômetros. Cada passada que eu dava, sentia uma fisgada na alma, uma martelada na consciência. Cheguei a pensar que Jesus, ao encontrar-me, arrebentaria comigo, chamando-me de covarde.

Ah, para minha surpresa, quando chegamos à Galileia, Jesus não estava lá. Bateu-me um grande desânimo. Achei que era o fim da linha para mim. Então, eu resolvi voltar às redes. Disse aos meus amigos: "Eu vou pescar". Como eu sempre fui um líder entre eles, todos em coro, disseram: "Nós também vamos contigo".

Ah, que pescaria sem graça. Faltava brilho em nossos olhos. Os peixes se esconderam. Não pegamos nem um peixinho. Pescamos a noite toda, e nada, sem qualquer resultado. O dia já estava quase amanhecendo, e nós estávamos a cem metros da praia. De repente, vimos um homem andando na areia. Não dava para ver claramente sua fisionomia. Para nossa surpresa, Ele ergueu sua voz e nos perguntou: "Filhos, tendes aí alguma coisa de comer?". Respondemos em coro: "Não". Ele, misteriosamente nos ordenou: "Lançai a rede à direita do barco e achareis". Quando jogamos as redes à direita do barco, um cardume de peixes enormes começou a pular. Eram cento e cinquenta e três grandes peixes. João foi logo dizendo para mim: "Pedro, é o Senhor". Quando eu reconheci que era o Senhor, larguei os peixes, o barco, as redes e nadei apressadamente para encontrá-lo.

Eu pensei: "É agora. Ele vai me quebrar. Vai me passar uma reprimenda severa. Vai dizer que eu sou um covarde, um fracasso". Mas, para minha surpresa, quando eu cheguei à praia, me deparei com um braseiro. Lembrei-me logo, que fora diante de um braseiro como aquele que eu havia negado Jesus, e agora, estava ali outro braseiro. Compreendi que Jesus estava tratando comigo. Estava me dizendo que no mesmo cenário do meu fracasso e da minha queda, aconteceria a minha restauração.

Depois que Jesus nos alimentou, Ele me perguntou três vezes se eu o amava. Confessei a Ele meu amor, muito embora, precavidamente, não tive coragem de dizer que meu amor era sacrificial. Da primeira vez eu confiei em mim e me dei mal. Agora, porém, compreendi que a humildade era um caminho mais seguro. Jesus me restaurou e ainda me devolveu o cajado de pastor.

A partir daquele dia, minha vida mudou. Passei a ser um homem de oração. Quando eu pregava os corações se derretiam. Quando eu orava pelos enfermos, eles eram curados. Tive o privilégio de abrir a porta do evangelho para judeus e gentios.

A partir daquele dia, eu não tinha mais medo da morte. Fui preso, açoitado e até marcado para morrer, mas nada daquilo me intimidava mais. Eu era outro homem. Fui revestido com o poder do Espírito Santo. Estava pronto a dar a minha vida ao Senhor Jesus.

Ah, foi nesse contexto que Jesus me disse que em minha velhice eu seria crucificado e que eu glorificaria a Deus com esse gênero de morte. Depois de me explicar esse fato, Ele me ordenou: "Pedro, segue-me". Eu segui a Jesus não rumo à riqueza, mas rumo ao martírio.

Preciso admitir que eu tive um ministério glorioso. Viajei com minha esposa pregando o evangelho. Escrevi para os crentes da dispersão duas cartas. Fui um dos líderes da igreja de Jerusalém.

A perseguição à igreja me levou à prisão em Jerusalém. Herodes queria me matar depois da festa.

Coitado! Colocou-me numa prisão de segurança máxima. Mas Deus, por meio de um anjo, me tirou de lá milagrosamente e o rei Herodes, que me prendeu, tempos depois morreu fulminado pelo anjo do Senhor.

Como Jesus, porém, havia profetizado, depois da perseguição que veio sobre a igreja, Paulo e eu fomos presos e condenamos à morte. Paulo era um cidadão romano e por isso sofreu uma morte rápida. Ele foi degolado. Eu era um cidadão comum, e minha pena de morte foi a crucificação. Não estava com medo. Estava preparado para dar minha vida a Jesus. Eu sabia que Roma podia tirar minha vida, mas não o meu ministério. Minha voz haveria de continuar ecoando.

Quando os meus algozes e executores receberam ordens para me crucificar, eu disse a eles que não era digno de morrer como morrera o meu Senhor. Disse-lhes: "Crucifiquem-me de cabeça para baixo". E foi dessa forma que eu morri para glorificar a Deus. Estou certo de que a vida que vivi e as cartas que escrevi continuam reverberando para dentro da história e abençoando milhões de pessoas.

Registro a você esse testemunho para que tenha paciência no sofrimento e entenda que Deus está no controle e dirige sua vida mesmo nas horas mais sombrias. Vale a pena viver com Jesus. Vale a pena morrer por Jesus. Eu sou Pedro.

VÁ DIRETO À FONTE

Mateus 4:18-22; 8:14,15; 17:1-8; 18:21,22; 26:31-46, 69-75

Marcos 1:16-20; 14:33

Lucas 5:1-11

João 1:35-42; 20:3,4; 21:15-23

Atos 2: 14-41; 3—5:33; 8:14-25; 9:32-43; 10—12; 15:6-35

1Coríntios 9:5

Gálatas 2:1-14

1Pedro 1—5

2Pedro 1—3

9 EU SOU PAULO

Eu quero me apresentar a você e contar o meu testemunho. Meus pais eram judeus zelosos que moravam em Tarso, na Cecília. Pertenciam à tribo de Benjamim. Eram fariseus e, desde que nasci nessa importante cidade, criaram-me dentro dos rígidos costumes de nossa religião. Fui circuncidado ao oitavo dia e desde criança aprendi a amar a lei de Deus. Cresci ouvindo os preceitos divinos. Meus pais tinham grandes sonhos a meu respeito. Queriam que eu fosse um grande rabino. Por isso, quando eu atingi a idade própria de ingressar no estudo da lei, enviaram-me para Jerusalém, para estudar aos pés do grande mestre Gamaliel, neto do famoso rabino Hillel.

Eu fui um estudante muito aplicado. Entre os meus pares eu me destaquei. Era muito zeloso da tradição dos meus antepassados. Consegui adquirir uma cultura invejável. Falava vários idiomas. Dominava, como poucos, na minha época, as correntes filosóficas. Era capaz de citar, com grande desenvoltura, os maiores pensadores do mundo. Pelo meu desempenho, havia uma expectativa imensa de que eu seria um grande líder do judaísmo. Porém, um fato ocorreu para botar minha vida de ponta-cabeça.

Enquanto eu crescia e me fortalecia em Jerusalém, outro rabino também crescia em Israel. Não na decantada Jerusalém, mas na pobre e desprezada Nazaré, da Galileia. Não frequentando uma afamada academia teológica como a minha, mas trabalhando duro, numa tosca carpintaria. Esse rabino galileu começou seu ministério de ensino aos trinta anos, depois de ser batizado por João Batista, no rio Jordão. Ele era diferente. Ensinava com autoridade. Não precisava citar nenhum mestre para dar peso às suas palavras. Ele falava e fazia. Pregava aos ouvidos e aos olhos. Ele arrastava multidões para ouvi-lo. Seus ensinos eletrizavam as massas. Os doentes eram por Ele curados. Os cativos eram por Ele libertos. Até os mortos Ele ressuscitava.

A fama desse rabino galileu mexeu com os bastidores do sinédrio. Escribas e fariseus foram escalados para vigiarem seus passos. Por onde Ele andava, lá estavam os nossos representantes para buscar uma ocasião oportuna para acusá-lo. Jesus era um rabino muito diferente. Ele não guardava a tradição dos anciãos. Ele não obedecia às regras dos nossos rabinos. Ele não andava de acordo com a nossa cartilha. Curava aos sábados. Comia sem lavar ritualmente as mãos. Comia com publicanos e pecadores. Chegou até mesmo a entrar no pátio do templo, em Jerusalém, e virar as mesas dos cambistas.

É claro que a oposição do sinédrio a esse rabino tornou-se mais e mais forte. Fomos apertando o cerco contra ele. Nossa voz era cada vez menos ouvida. Ele denunciava nossa prática religiosa. Ele era uma ameaça para nós. Então, juntamos todas as forças para atacá-lo. Fariseus, saduceus, herodianos. Todos nós fizemos uma aliança para prendê-lo e matá-lo.

Na festa da Páscoa, conseguimos prendê-lo com um forte aparato militar. Um de seus discípulos, Judas Iscariotes, o entregou a nós de mão beijada. Traiu-o por míseras trinta moedas de prata. Contratamos testemunhas falsas para acusá-lo. Depois de cuspir em seu rosto e esbordoar sua cabeça, o sentenciamos à morte, fazendo-lhe duas graves acusações: blasfêmia contra Deus e conspiração contra César.

Com essas acusações pesadas, nós o levamos diante de Pilatos. O governador romano claudicou, fez várias tentativas para soltá-lo, mas nós aumentamos a pressão sobre ele. Insuflamos o povo a clamar pela crucificação. Finalmente, dissemos ao governador que se ele soltasse Jesus, seria inimigo de César, pois o acusado se fazia rei, e todo aquele que no vasto império romano rogava para si o título de rei era inimigo de César. O governador, por conveniência, cedeu, e mesmo contra sua vontade teve de se curvar à nossa pressão. Para nosso alívio, o rabino da Galileia foi crucificado e sepultado naquela fatídica sexta-feira de Páscoa. O que jamais esperávamos, porém, aconteceu.

No primeiro dia da semana, Jesus, o rabino da Galileia, ressuscitou e apareceu durante quarenta dias para várias testemunhas. Tentamos inicialmente abafar esse fato, subornando os guardas que estavam vigiando sua sepultura. Quando vimos que seria impossível deter o fervor de suas testemunhas, o Sinédrio me nomeou para agir com fúria e crueldade contra os seguidores do Nazareno. Com autorização do Sinédrio, eu assolei a igreja. Eu entrava nas casas, arrastava homens e mulheres e os jogava na prisão.

Por onde eu passava, como uma fera selvagem, eu devastava a igreja. Eu não tinha piedade. Todo seguidor do Nazareno era para mim um inimigo, de fato.

Eu exterminava aqueles que professavam o nome de Jesus em Jerusalém. Eu mandei matar muitos discípulos de Jesus na cidade. Derramei muito sangue. Na verdade, eu persegui essa religião do Caminho até a morte.

Eu entendia que devia fazer muitas coisas contra o nome de Jesus. Eu encerrei muitos crentes na prisão, e dava o meu voto para matá-los. Eu perseguia esses crentes por todas as sinagogas. Batia neles e forçava-os a blasfemar. Eu era, de fato, insolente, blasfemo e perseguidor. Eu reconheço que eu era uma fera selvagem. Respirava ameaças e morte contra os discípulos de Jesus. Ninguém podia me deter. Era como um touro enfurecido que não respeitava nenhum aguilhão.

Certo dia eu estava viajando para Damasco. Meu propósito era prender os discípulos de Jesus e levá-los amarrados para Jerusalém. Estava bufando de raiva, pois quanto mais nós perseguíamos os crentes, mais eles cresciam. Quanto mais sangue era derramado, mais adeptos seguiam o Nazareno. Quanto mais apertávamos o cerco contra eles, mais se multiplicavam. Meu projeto de vida tornou-se esmagar com mão de ferro os discípulos do Nazareno. Foi com esses intentos de ódio em meu coração que eu saí de Jerusalém para prender essa gente em Damasco.

De repente, porém, algo sobrenatural aconteceu. Uma luz tão forte como a luz do sol brilhou ao meu redor. Fiquei cego com o fulgor da luz. Caí por terra diante daquela visão cheia de esplendor. Ainda atordoado com aquela luz brilhante, prostrado ao chão, ouvi uma voz como de trovão, ribombando das alturas em meus ouvidos: "Saulo, Saulo, por que me persegues? Dura coisa para ti é recalcitrar contra os aguilhões".

Ah, Jesus golpeou meu orgulho. Feriu-me com um poder irresistível. Reconheci que todas as minhas resistências caíram por terra. Então perguntei: "Quem és tu, Senhor?". Ele me respondeu: "Eu sou Jesus, a quem tu persegues". Ali no caminho de Damasco ocorreu a minha conversão. A partir dali tornei-me seu discípulo. Minha vida mudou. O ódio, como gelo, se derreteu, e passei a amar aquele a quem eu perseguia com todas as forças da minha alma.

Uma reviravolta total ocorreu em minha vida. De maior perseguidor de Cristo e de sua igreja, eu me tornaria, em algum tempo, o maior pregador do evangelho de todos os tempos. Jesus me mandou levantar e me disse que eu era para Ele um vaso escolhido. Disse-me ainda que me enviaria para longe, para os gentios, e que eu levaria seu nome diante dos reis da terra.

Eu cheguei a ficar cego com aquela visão. Porém, os olhos de minha alma foram abertos. Fui conduzido dali da estrada para a casa de Judas, na rua Direita, em Damasco. Passei três dias e três noites jejuando, mergulhado naquela escuridão, quando, de repente, entrou um homem, um discípulo de Jesus, chamado Ananias. Ele me chamou pelo nome. Impôs as mãos sobre mim e as escamas caíram dos meus olhos. Ele me batizou. Eu fiquei cheio do Espírito Santo e já comecei a pregar nas sinagogas de Damasco, afirmando que Jesus é o Filho de Deus.

Tudo aconteceu muito rápido. Parecia um sonho. As pessoas não podiam acreditar. O próprio Ananias disse ao Senhor que eu fazia muitos males aos santos em Jerusalém. Alguns chegaram a pensar que eu estava sabotando a fé cristã para perseguir os discípulos de Jesus. Mas aquilo que parecia impossível, de fato, aconteceu. Jesus mudou minha vida e minha história.

Em seguida eu fui para a Arábia. Ali fiquei três anos fazendo um seminário intensivo com Jesus. O Senhor se revelou a mim e em mim. Reli todo o Antigo

Testamento. Descobri que aquele Jesus que eu estava perseguindo, era, de fato, o Messias. Convencido dessa gloriosa verdade, voltei outra vez para Damasco e confundi os judeus, provando que Jesus era o Cristo, o Messias.

Ah, os judeus que moravam em Damasco ficaram muito bravos comigo e tentaram me matar. Foi preciso eu sair fugido de Damasco. Saí de noite, dentro de um cesto, muralha abaixo. Pensei: "Agora eu vou para Jerusalém. Eu tenho envergadura para ser o grande líder da igreja naquela cidade". Até porque os discípulos de Jesus eram galileus e estes não eram bem recebidos na Judeia. Também os discípulos de Jesus eram iletrados, e em Jerusalém estava a elite intelectual da religião judaica. Eu estava convencido de que eu tinha o melhor preparo e o melhor currículo para liderar a igreja em Jerusalém.

Quando eu cheguei, pasme, ninguém lá acreditou na minha conversão. Pensaram que eu estava blefando e sabotando a fé cristã. Bateram a porta da igreja na minha cara. Se não fosse a intervenção de Barnabé, eu nem teria sido recebido na igreja de Jerusalém. Ah, Barnabé foi muito bom comigo. Ele me apresentou para os apóstolos e estes me receberam. Fui acolhido.

Tive espaço na igreja e livre trânsito para pregar e discutir com os helenistas, os judeus nascidos fora de Jerusalém.

Na minha cabeça eu teria grande sucesso em meu trabalho em Jerusalém. Que nada! Os helenistas quiseram me matar. Para minha surpresa, os discípulos, os membros da igreja, se reuniram e disseram que eu tinha de ir embora da igreja de Jerusalém. Eu não gostei nadinha dessa ideia. Tinha muitos planos para serem realizados.

Para piorar a minha situação, como se já não bastasse, os membros da igreja me mandarem embora, o próprio Deus apareceu para mim numa visão enquanto orava no templo e me mandou sair de Jerusalém. Eu fiquei inconformado. Discuti com Deus. Arrazoei com ele, dizendo que tinha perseguido a igreja ali, que estava por trás da morte de Estêvão e que não era estrategicamente conveniente que eu saísse. Mas Deus não aceitou os meus argumentos e me disse com toda clareza: "Vai embora, porque eles não vão te ouvir".

Eu pensei: "Eu não vou sair de livre e espontânea vontade". Então, não deu outra, fui convidado a me retirar. Fui levado a reboque de Jerusalém para Cesareia, e dali me enviaram para Tarso, a minha cidade natal, descartando-me e dizendo com isso que eu não era insubstituível.

Ah, como foi difícil para mim entender que antes de Deus trabalhar por meu intermédio, Ele estava primeiro trabalhando em mim. Precisei compreender que tudo depende de Deus. Precisei me matricular na escola da humildade e do quebrantamento. Precisei ficar em Tarso mais de dez anos de molho, no esquecimento, longe dos holofotes, sendo tratado por Deus, para compreender que a nossa suficiência vem dele.

Enquanto estava sendo tratado por Deus em Tarso, o evangelho avançava com grande força em Antioquia da Síria, a terceira maior cidade do mundo. A igreja de Jerusalém mandou para lá Barnabé. Esse homem era bom, cheio do Espírito Santo e de fé. Ele lembrou-se de mim e foi a Tarso me buscar. Juntos ensinamos grandes multidões em Antioquia. A igreja estava indo muito bem. Havia ensino robusto, comunhão profunda e deleite na oração.

Certa feita, estávamos servindo e jejuando, quando o Espírito Santo deu ordens à igreja para separar Barnabé e a mim para a obra missionária. Todos nós imediatamente nos submetemos a esse plano. A igreja orou por nós com imposição de mãos e nos enviou.

Foi a primeira grande viagem missionária transcultural na igreja primitiva. Fomos a Pafos, onde houve a conversão do procônsul Sérgio Paulo. Dali fomos para Perge da Panfília, onde o nosso assistente Marcos nos deixou, voltando para Jerusalém, e de lá subimos as montanhas do Cáucaso e fomos pregar o evangelho na província da Galácia: Antioquia da Pisídia, Icônio, Derbe e Listra.

Eu estava enfermo nessa época. A doença foi um verdadeiro espinho em minha carne. Eu até cheguei a orar a Deus três vezes, pedindo que removesse aquele espinho. Satanás me esbofeteava com esse sofrimento, mas Deus me disse que essa enfermidade era para que eu não me ensoberbecesse. A sua graça era suficiente para mim e seu poder seria mais notório em minha vida em virtude de minha fraqueza.

O nosso trabalho nessa região da Galácia foi maravilhoso. Multidões estavam ouvindo o evangelho e crendo no Senhor Jesus. Não pense você que fui tudo às mil maravilhas. Na verdade, não foi nada fácil. As igrejas foram plantadas debaixo de severa perseguição. Cheguei a ser apedrejado em Listra. Deram-me como morto. Mas o Senhor me levantou e me encheu de poder para continuar levando a mensagem no poder do Espírito Santo. Quando retornamos dessa viagem, reunimos a igreja de Antioquia da Síria para dar o nosso testemunho do quanto Deus estava fazendo por nosso intermédio.

Todo crescimento de igreja enfrenta suas dificuldades. Quando alguns fariseus ouviram que os gentios estavam se convertendo a Cristo, saíram de Jerusalém e vieram nos perturbar, dizendo para os crentes gentios que, se eles não se circuncidassem nem guardassem a lei de Moisés, não poderiam ser salvos. Queriam acrescentar algo mais ao completo e perfeito sacrifício de Cristo. Então, resolvemos convocar um concílio da igreja em Jerusalém para discutir e resolver essa questão doutrinária. O concílio reunido tomou a decisão de rejeitar a proposta desses fariseus e reafirmar que só a fé em Cristo é suficiente para a salvação.

Então, resolvi convidar Barnabé para voltarmos para uma segunda viagem, passando pelas igrejas que havíamos plantado para fortalecer aqueles irmãos. Barnabé queria levar consigo Marcos, mas eu achei que seria imprudente investir nesse jovem novamente. Eu e Barnabé chegamos a ter uma desavença séria por causa dele. Ainda bem que Barnabé investiu na vida do Marcos, pois ele se tornou um homem precioso nas mãos de Deus. Foi ele quem escreveu o evangelho de Marcos e mais tarde tornou-se útil até mesmo para o meu ministério.

Naquela ocasião, eu preferi escolher o profeta Silas, da igreja de Jerusalém, e fazer com ele a viagem missionária. Eu queria ir para a Ásia e o Espírito Santo me impediu. De noite, ouvi a voz de um varão macedônio me pedindo para passar pela Macedônia e ajudá-lo. Não tive dúvida. Parti para lá. Por onde passamos tivemos perseguição e muito sofrimento, mas deixamos para trás crentes batizados e igrejas estabelecidas. Em Filipos, cheguei a ser preso. Em Tessalônica, fui escorraçado. Em Bereia fui enxotado. Em Atenas fui chamado de tagarela. Em Corinto, onde me estabeleci dezoito meses, fui chamado de impostor. Deus estava cumprindo o que dissera a Ananias: Ele estava me mostrando o quanto importava que eu sofresse pelo nome de Jesus.

Na segunda viagem missionária, deixei igrejas plantadas em duas províncias romanas: a província da Macedônia e a província da Acaia. No meio de muitas lutas e lágrimas, vimos multidões se rendendo a Cristo. Pregamos o evangelho no poder do Espírito Santo, e milhares de pessoas rompiam com a idolatria, com a feitiçaria e com a devassidão moral para seguirem a Cristo. Mesmo sendo perseguidos e mesmo passando privações, eu, Timóteo e Silas víamos a cada dia o poder do evangelho para salvar todo aquele que crê.

Eu ainda fiz uma terceira viagem missionária, estabelecendo-me em Éfeso, a capital da Ásia Menor. Aquela era uma grande metrópole, com trezentos mil habitantes. Ali ficava o grande templo da deusa Diana, uma das sete maravilhas do mundo antigo. Dali coordenei a plantação de igrejas em toda a província da Ásia Menor, como Esmirna, Pérgamo, Tiatira, Sardes, Filadélfia, Laodiceia, Colossos e Hierápolis.

Ali experimentamos um poderoso avivamento. A idolatria da cidade recuou. Os místicos queimaram seus livros de ocultismo em praça pública. A credibilidade da deusa Diana entrou em colapso. A palavra de Deus prevalecia. A igreja de Éfeso tornou-se uma igreja estratégica para espalhar o evangelho em toda a província da Ásia Menor. Timóteo e o apóstolo foram pastores dessa igreja quando de lá eu saí.

Quando eu saí de Éfeso, fui a Jerusalém levar uma oferta que levantei entre as igrejas da Acaia e Macedônia para os pobres da Judeia. Na verdade, eu havia assumido um compromisso com os líderes da igreja de Jerusalém que eu iria para os gentios, mas não me esqueceria dos pobres. Nessa viagem, tive alertas de que seria preso. Meu plano pessoal era sair de Jerusalém e ir a Roma e de lá ser enviado pela igreja de Roma até à Espanha. Mesmo tendo a confirmação do Espírito Santo de que eu enfrentaria pela frente cadeias e tribulações, estava pronto a dar minha vida pela causa do evangelho.

Depois de entregar a oferta em Jerusalém, acabei sendo preso mesmo. Alguns judeus fizeram votos de anátema, que nada comeriam nem beberiam sem antes me matarem. Quando o comandante da guarda romana tomou conhecimento de que eu estava sendo jurado de morte, ele me transferiu, naquela mesma noite, para Cesareia Marítima, sob forte escolta militar.

Em Cesareia, fiquei preso por dois anos, sendo acusado pelos judeus. O governador Felix sabia que eu era inocente. Porém Festo, que o substituiu, estava prestes a me entregar nas mãos do sinédrio judaico. Eles tramaram me matar antes mesmo de eu colocar os pés em Jerusalém. Tomei, então, a decisão de reivindicar meus direitos de cidadão romano. Apelei para ser julgado diante de César, em Roma.

A minha viagem para Roma foi cheia de turbulência. Enfrentamos um terrível naufrágio. Chegamos salvos na ilha de Malta, mas a carga do navio se perdeu e o próprio navio foi despedaçado. Passamos o inverno rigoroso naquela ilha e ali Deus me deu a oportunidade ser orar pelo pai do prefeito e também pelos demais enfermos da ilha, aos quais Deus curou.

Fui então enviado a Roma. Cheguei à capital do império não como gostaria de ter chegado. Cheguei preso e algemado, e ali fiquei durante dois anos, como prisioneiro de César, na casa dele, sob a proteção da sua guarda pessoal, os guardas pretorianos. Eu orei a Deus para sair dessa prisão e até pedi oração para sair. Deus respondeu à nossa oração, e eu fui libertado. Se você pensa que fiquei frustrado por ter chegado a Roma algemado, está enganado. Meus planos foram frustrados, mas não os planos de Deus.

Compreendi claramente que todas as coisas que estavam acontecendo comigo estavam cooperando para o progresso do evangelho. Porque eu estava preso, a igreja foi mais encorajada a pregar. Porque eu estava preso, toda a guarda pretoriana tomou conhecimento de minhas cadeias em Cristo. Eram dezesseis mil soldados da mais alta patente, gente que tinha influência política do império. Eu fiquei durante dois anos algemado, em três turnos por dia, confiado a um soldado daquela guarda. Foi tempo suficiente para que todos eles fossem evangelizados. Porque eu estava preso, não podendo visitar as igrejas, comecei a escrever as cartas da primeira prisão: Efésios, Filipenses, Colossenses e Filemon. Se eu estivesse solto, muito provavelmente não teria escrito essas epístolas.

Quando saí dessa primeira prisão, não me intimidei. Eu não saí para vestir um pijama nem ficar numa cadeira de balanço. Não tem aposentaria no reino de Deus. Sabia que enquanto tivesse um fiapo de vida, deveria pregar o evangelho. Então, parti para uma quarta viagem, rumando para a Espanha, mas antes deixei Tito em Creta e Timóteo em Éfeso.

Ah, um fato terrível mudou os rumos dos acontecimentos. No dia 17 de julho do ano 64 d.C., a cidade de Roma foi incendiada e a culpa do crime foi imputada a nós, os cristãos. A perseguição sobre nós veio como uma tempestade de fúria. Muitos irmãos nossos foram crucificados, queimados vivos, e despedaçados pelas feras. Sendo eu o líder mais conhecido do cristianismo, fui acusado de ser "o líder dos incendiários".

Prenderam na masmorra Mamertina, um lugar úmido, frio, insalubre, de onde os presos saíam leprosas ou para o martírio. Nessa prisão imunda, passei os últimos dias da minha vida. Aqueles foram tempos tenebrosos. Fui preso não como apóstolo, mas como malfeitor, criminoso. Os irmãos da Ásia se acovardaram e, com medo de enfrentar a mesma situação, abandonaram-me. Até Timóteo, meu filho na fé, ficou com vergonha das minhas cadeias. Marcaram uma audiência, minha primeira defesa, para eu apresentar testemunhas. Mas ninguém foi a meu favor; antes, todos me abandonaram. Então, fui sentenciado à pena de morte. Daquela prisão eu só saí para ser decapitado.

Enquanto aguardava o dia da minha execução, no corredor da morte, eu escrevi para Timóteo vir ao meu encontro depressa. Demas já havia me abandonado. Somente Lucas estava comigo, como um médico amado. Alexandre, o latoeiro, tinha me causado muitos males. Fiquei sabendo que foi ele quem me delatou, culminando na minha segunda prisão e condenação à morte. Porque o inverno estava chegando, e sendo eu já um homem velho, estava sentindo muito frio. Roguei a Timóteo para trazer meus livros e minha capa que havia ficado em Trôade, na casa de Carpo.

Na verdade, eu estava velho, doente, cheio de cicatrizes, sentindo muito frio, abandonado pelos que me conheciam, acusado por um crime que não cometi, sentenciado à morte, aguardando o dia de ser degolado. Quem olhasse de relance minha vida, poderia imaginar que eu me sentia um homem fracassado. Que nada!

Eu posso garantir a você: apesar de tudo que eu sofri, valeu a pena. Mesmo sofrendo tantas perseguições. Mesmo passando por várias prisões. Mesmo sendo açoitado aqui, apedrejado acolá, enfrentando naufrágios nos mares revoltos, eu combati o bom combate. Mesmo suportando necessidades e lidando com pobreza e escassez, completei a minha carreira. Mesmo sob o ataque dos falsos mestres, eu guardei a fé. Estava pronto para morrer.

Eu não me julgava um prisioneiro de César, mas um embaixador em cadeias. Estava pronto a dar minha vida ao Senhor como uma oferta de libação. Era hora de descansar. Era hora de fazer minha última viagem. Tendo explorado os rincões da terra pregando o evangelho a tempo e fora de tempo, era hora de ir para o céu. Estava de malas prontas para ir para a casa do Pai. Mesmo sendo considerado culpado nos tribunais de Roma, estava, na verdade, indo receber a coroa da justiça das mãos do reto Juiz.

Sofri solidão, abandono, traição, privação e ingratidão, mas em todas essas circunstâncias Deus me assistiu e me revestiu de forças. Na minha jornada, preguei, orei, plantei igrejas, encorajei crentes, vi Deus fazendo maravilhas por meu intermédio. Escrevi treze cartas, sendo algumas dirigidas às igrejas e outras, chamadas de cartas pastorais. Viajei por mares revoltos e por estradas desertas. Enfrentei a oposição dos homens e a fúria de Satanás. Mas Deus esteve sempre ao meu lado, me revestindo de forças. Portanto, quero concluir meu testemunho dando a Jesus toda a glória. Tudo foi feito com o poder que vem dele. Tudo foi feito por intermédio dele e para Ele. A Ele, portanto, a glória pelos séculos dos séculos. Amém!

VÁ DIRETO À FONTE

Atos 7:58—8:3; 9—28
Romanos—Filemom
2Pedro 3:15

10 EU SOU O APÓSTOLO JOÃO

Eu sou João, filho de Zebedeu, irmão de Tiago. Nasci ao redor do mar da Galileia e ali fui criado. Tornamo-nos pescadores e chegamos a abrir uma empresa pesqueira. Éramos sócios de Pedro e André. Todas as noites saíamos com nossos barcos para lançar as redes nesse lago de águas doces de vinte e um quilômetros de comprimento por quatorze quilômetros de largura. Vivíamos da pesca. Éramos homens pobres e iletrados. Os anos se passavam e nossa vida continuava na mesma rotina, dia após dia, mês após mês, ano após ano.

Um dia, porém, nossa história mudou e mudou por completo. O carpinteiro de Nazaré, conhecido como Jesus, depois de ser batizado no rio Jordão, deixou sua cidade e veio morar em Cafarnaum, a cidade-sede de nossa região, onde havia uma importante sinagoga e onde ficava a coletoria de impostos. Por essa cidade passavam as caravanas com suas mercadorias, num intenso comércio entre a Síria, ao norte, e o Egito, ao sul. Cafarnaum nunca mais foi a mesma cidade desde que Jesus chegou ali.

André, irmão de Pedro, era um discípulo de João Batista, que passou a seguir Jesus e levou consigo Pedro, seu irmão. Tiago, meu irmão mais velho, e eu também conhecemos a Jesus. Ele nos chamou para sermos seus discípulos. Deixamos nossa empesa nas mãos do papai. Tiago e eu passamos a seguir Jesus em suas jornadas pela Galileia e até mesmo pela Judeia. Estávamos extasiados com seus ensinos. Estávamos completamente entusiasmados com seus prodígios: os famintos eram alimentados, os cegos viam, os mudos falavam, os surdos ouviam, os coxos andam, os possessos eram libertos, os leprosos eram purificados e até os mortos ressuscitavam.

Certa feita, depois de passar uma noite toda orando, Jesus chamou doze de seus discípulos para serem apóstolos. Eu estava no meio desse grupo seleto. Na verdade, eu era caçula dos apóstolos. O mais novo deles. Com exceção de Judas Iscariotes, que se tornou o tesoureiro do grupo, todos nós éramos galileus.

Tive o privilégio de ser um discípulo muito próximo de Jesus. Nas ocasiões mais importantes do seu ministério, Ele me escolhia para estar com Ele. Desse grupo mais íntimo fazia parte também Pedro e Tiago, meu irmão. Eu fui o único que se debruçou sobre o seu peito na mesa da comunhão. Mais tarde fui denominado "o discípulo amado".

Nós tínhamos acabado de chegar em Cafarnaum, depois de uma terrível tempestade durante toda aquela noite anterior. As multidões ávidas para ouvir Jesus se aglomeravam ao seu redor. Nesse ínterim, uma mulher que sofria de uma hemorragia crônica havia doze anos pensou: "Se eu apenas tocar em suas vestes, ficarei livre do meu mal". Foi o que ela fez, e o milagre imediatamente aconteceu.

Jesus demonstrava pleno poder sobre a natureza, sobre os demônios e sobre a enfermidade. A essas alturas, Jairo, chefe da sinagoga, já estava muito aflito, rogando a Jesus para ir, às pressas, à sua casa, pois sua filhinha estava à beira da morte. Porém Jesus, no meio de todo aquele alvoroço da multidão se acotovelando para ouvir seus ensinos e para ver seus milagres, dedica tempo à mulher, que acabara de ser curada.

Jairo, com o coração aflito e ansioso por ver tanta demora, ainda recebe mais um balde de água fria em sua expectativa. Seus servos chegam de sua casa com a triste notícia de que sua filha acabara de morrer. O mundo desabou sobre sua cabeça. O chão fugiu de debaixo de seus pés. Estava tudo acabado. Morria ali seus sonhos e seu futuro. A menina de doze anos era filha única. Jesus, sem se importar com essa notícia tão desesperadora, disse a Jairo: "Não temas, crê somente".

Jesus chamou Pedro, Tiago e a mim para entrarmos na casa de Jairo. Havia muito choro e muito desespero naquela casa. A morte havia ceifado precocemente aquela menina. Eu, que já havia visto Jesus ressuscitar o filho da viúva de Naim, agora vi novamente Jesus, serenamente, aproximar-se da cama onde jazia a menina, colocar as mãos sobre ela e dizer: "Menina, está na hora de acordar. Está na hora de se levantar". A morte precisou tirar suas mãos geladas dela, e ela ressuscitou. Ah, que alegria pude ver nos olhos de Jairo! As lágrimas de espanto se misturaram com a alegria do milagre. Que privilégio eu tive de ser testemunha ocular dessa manifestação do poder e da graça de Jesus.

Um dia estávamos no extremo norte de Israel, na parte mais baixa do monte Hermom, onde nasce o rio Jordão, em Cesareia de Filipe, quando Jesus passou a nos interrogar. Perguntou-nos o que o povo estava falando a seu respeito. Respondemos para Jesus que o povo estava muito confuso, pensando que ele era João Batista, Elias, Jeremias ou algum dos profetas. Jesus então olhou em nossos olhos e nos perguntou: "E vocês, quem vocês acham que eu sou?". Pedro, o mais falante do nosso grupo, pulou em nossa frente e respondeu por nós: "Tu és o Cristo, o Filho do Deus vivo".

Era isso mesmo. Essa era a nossa plena convicção. Porém, para nosso espanto, Jesus nos falou em seguida, pela primeira vez, que o seu propósito de vir ao mundo era morrer na cruz e ressuscitar para salvar o seu povo. Pedro quis se interpor nesse propósito, exortando a Jesus a desistir da cruz e a fugir da morte, porém Jesus, em nossa presença, o reprovou severamente. Nós estávamos perplexos com todas essas coisas.

Oito dias depois, Jesus subiu ao monte da transfiguração. Ele me levou em sua companhia, juntamente com Pedro e Tiago. Ali, no cume daquela montanha, perto de Nazaré, o céu desceu à terra. Jesus nos mostrou um aperitivo do céu. Queria acalmar o nosso coração em face do que havia nos dito, que ele teria de subir para Jerusalém e ser entregue nas mãos dos sacerdotes e anciãos para ser crucificado, a fim de ressuscitar no terceiro dia.

Aquela notícia nos deixou muito abalados. Não podíamos imaginar que Jesus pudesse ser preso e crucificado, uma vez que Ele andava por todo o lado, fazendo o bem e libertando os oprimidos do Diabo. Amávamos a Jesus e não queríamos nem mesmo ouvir falar sobre sua morte.

No monte da transfiguração, Jesus orou, orou muito, e nós não conseguíamos acompanhá-lo. O sono nos tomou por completo. Nossos olhos estavam pesados. Para nossa surpresa, enquanto Jesus orava o seu rosto transfigurou-se e passou a brilhar como o sol no seu fulgor. Suas vestes resplandeceram de brancura, como nenhum lavandeiro seria capaz de alvejar. Estávamos atônitos.

Como se isso não bastasse, apareceram em glória, falando com Ele sobre sua partida para Jerusalém, Moisés e Elias. Conversaram sobre a cruz. Falaram que sua partida para Jerusalém, para morrer na cruz, seria o êxodo do seu povo. A palavra "partida" significa "êxodo". A morte de Jesus não seria uma tragédia, mas uma agenda. A morte do nosso Mestre não seria um acidente nem sua ressurreição, uma surpresa, mas seria uma ação poderosa de Deus para libertar o seu povo da escravidão do pecado e do Diabo.

Quando esses dois representantes da lei e dos profetas desapareceram, Pedro, sem saber o que falava, disse a Jesus: "Mestre, vamos fazer três tendas: uma será do Senhor, outra de Moisés e outra de Elias". Na verdade, Pedro estava cometendo um sério equívoco, comparando e equiparando Jesus com Moisés e Elias. Porém, Jesus era incomparavelmente superior a esses dois homens, representantes da lei e dos profetas, respectivamente. Jesus não era apenas um grande homem entre nós, mas o próprio Filho de Deus. Jesus nem precisou se defender. De repente uma nuvem luminosa nos envolveu e saiu de dentro da nuvem uma voz divina: "Este é o meu Filho, o meu eleito, a Ele ouvi". Ficamos completamente perplexos com essa experiência. Chegamos a cair debruço de tanto medo.

Aquela experiência foi uma espécie de antecipação do céu, um aperitivo do que será a glória. Jesus, porém, nos proibiu de contas os detalhes do que havia acontecido no topo daquele monte.

Quando descemos do monte, havia uma multidão irrequieta. Um pai aflito havia apresentado o seu filho único endemoninhado aos outros discípulos que ficaram no sopé da montanha. Eles estavam discutindo com os escribas e não puderam libertar aquele menino prisioneiro de uma casta de demônios. Jesus libertou o menino e o devolveu ao seu pai. Em seguida, continuou sua caminhada rumo a Jerusalém.

Estávamos junto dele, caminhando com Ele, servindo a Ele, aprendendo com Ele e vendo suas maravilhas. Cada milagre que Jesus fazia era um sinal, uma demonstração de que, de fato, Ele era o Messias prometido. Mesmo com nossas fraquezas, e sendo tardios para crer, estávamos certos de que o nosso Mestre era o Filho de Davi, o Messias.

Enfim, havia chegado a hora de subir para Jerusalém. Era a festa da Páscoa. A cidade estava entupida de gente, caravanas haviam chegado de todas as cidades e aldeias, além do povo que tinha vindo de outras terras. Em nossa jornada, passamos por Betânia, onde Jesus ressuscitou Lázaro e isso impactou muita gente. Muitos creram nele, mas outros resolveram matá-lo. Maria, irmã de Lázaro, dias depois, ungiu Jesus com um caro perfume e isso irritou demais Judas Iscariotes, e confesso, irritou a todos nós. Chegamos a achar que aquilo era um desperdício. Maria, porém, estava ungindo Jesus antecipadamente para a sepultura e demonstrando a Ele sua gratidão e seu puro amor. O interesse de Judas pelo dinheiro é porque ele era ladrão e nós não sabíamos. Aliás, nós o tínhamos em alta conta. Judas estava para trair Jesus e nós não sabíamos. Judas saiu de Betânia, mergulhado nas sombras daquela noite, e foi vender Jesus por trinta moedas de prata.

Enfim, entramos em Jerusalém pelo monte das Oliveiras. Jesus entrou montando num jumentinho. Tudo isso tinha um propósito: cumprir as Escrituras. Lá havia uma multidão esperando por Ele com folhas de palmeiras. Eles estenderam ramos pelo chão e celebravam e cantavam, dizendo: "Hosana, Hosana, bendito é o que vem em nome do Senhor". Até as crianças exaltavam Jesus. Isso, claro, incomodou os escribas e os fariseus. Quando Jesus desceu o monte das Oliveiras, atravessando o vale do Cedrom, ao entrar na cidade, chorou copiosamente. Aquela era a cidade que matava os profetas e que haveria de perder o tempo de sua visitação.

Depois que Jesus expulsou os vendilhões do tempo, Ele disse a Pedro e a mim para prepararmos um lugar para Ele comer a Páscoa conosco. Dali para frente Jesus não falaria mais às multidões. Dedicou toda a sua atenção a nós, seus discípulos. Pedro e eu seguimos todas as orientações de Jesus, preparamos o cenáculo, no alto do Monte Sião. Na quinta-feira, tudo estava pronto. A mesa posta: cordeiro assado, pães sem fermento, ervas amargas, vinho e, ao lado, uma bacia com água e uma toalha.

Fazia parte do cerimonial o anfitrião preparar água para os convidados lavarem os pés antes de assentarem-se à mesa. Só que aquele era um serviço feito pelos escravos. Nós éramos orgulhosos demais para levar os pés uns dos outros. Então assentamo-nos à mesa sem lavar os pés. O que tomava conta do nosso coração era o sentimento de alto valor, por estarmos sozinhos com Jesus naquele importante salão no coração da cidade de Jerusalém. Conversávamos até mesmo sobre quem de nós deveria ter mais proeminência no reino de Cristo. Enquanto Jesus estava mergulhado na sombra da cruz, nós estávamos numa acirrada disputa de prestígio na feira das vaidades.

Ah, de repente ficamos com a cabeça baixa de vergonha, quando Jesus se levantou, cingiu-se com a tolha, pegou a bacia e começou a lavar os nossos pés. Ficamos todos envergonhados. Logo o Senhor, o nosso Mestre, a quem amávamos e tínhamos a certeza de que era o Messias, estava ali, prostrado diante de nós, lavando nossos pés. Quando Ele terminou essa cerimônia constrangedora, voltou à mesa e disse: "Vocês me chamam de Mestre e Senhor, e fazem bem, porque de fato eu sou. Sendo eu o Senhor e o Mestre, dei o exemplo a vocês. Então façam o mesmo daqui para frente".

Ali, no cenáculo, Jesus falou para nós de seu amor, da Casa do Pai, da sua segunda vinda, do derramamento do Espírito Santo e orou por nós. Então, Ele instituiu a Ceia, partindo o pão e distribuindo o cálice com o vinho. Estava acontecendo ali a transição da velha para a nova aliança. A nova aliança foi selada em seu sangue. A partir dali, a Páscoa não teria mais matança de cordeiros. Jesus era o Cordeiro de Deus que tira o pecado do mundo. Depois de cantar um hino, nós descemos para o monte das Oliveiras.

Jesus nos alertou naquela quinta-feira à noite que Ele, o pastor, seria ferido, e nós, as ovelhas, ficaríamos dispersos. O clima estava muito tenso. Dava para sentir o clima de conspiração no ar. As autoridades judaicas mancomunadas com os romanos já tramavam a prisão de Jesus por traição. Judas Iscariotes já engrossava a fileira dos traidores, liderando a turba para prender Jesus.

Quando chegamos ao Getsêmani, Jesus deixou oito de seus discípulos para trás e me chamou junto com Pedro e Tiago para irmos um pouco mais além com Ele. Nessa hora, Ele abriu o coração para nós e nos disse que estava profundamente triste até a morte. Até mesmo nos pediu para ficarmos com Ele, vigiarmos e orarmos.

Jesus avançou sozinho para o interior do jardim, e com forte clamor e lágrimas prostrou-se com o rosto no chão e orou e chorou por longo tempo. Nós fraquejamos e não conseguimos orar nem sequer por uma hora. Na verdade, nós dormimos naquela noite da batalha mais decisiva da história. Jesus veio nos acordar e, em seguida, voltou para mais dois turnos de oração. Ele molhou a terra do jardim não só com suas lágrimas, mas também com seu sangue.

Quando Jesus se levantou da oração, sua angústia havia sido vencida e Ele estava firme como uma rocha. Enfrentou a turba que veio prendê-lo. Alertou Judas que veio traí-lo. Levaram Jesus preso, não porque Ele sucumbiu ao poder de Roma ou à trama do sinédrio, mas porque aquela era a hora das trevas. Todos nós, seus discípulos, nos acovardamos e ficamos dispersos.

Por ser aparentado do sumo sacerdote, fui furtivamente para dentro dos muros de sua casa. Pedro ia seguindo Jesus de longe, em minha companhia. Ali Pedro foi descoberto como discípulo de Jesus e negou o nosso Mestre três vezes. Foi muito triste. Naquela noite cuspiram em Jesus, bateram com um bastão em sua cabeça. Formalizaram duas acusações contra Ele: blasfêmia contra Deus e conspiração contra César.

Na manhã da sexta-feira, levaram-no ao governador Pilatos. As autoridades religiosas estavam determinadas que Pilatos o sentenciasse à morte de cruz. Pilatos, depois de interrogar Jesus, concluiu que Ele era inocente. Mas a voz do povo prevaleceu. O governador abafou a voz de sua consciência, e mesmo sendo alertado por sua esposa e sabendo que Jesus era inocente, o entregou para ser castigado e crucificado.

A crucificação de Jesus foi um ato horrendo. Depois de afligido com duros açoites, colocaram de forma afrontosa uma dolorosa coroa de espinho em sua cabeça e uma cruz pesada em suas costas. Ele saiu andando, ensanguentado, debaixo daquele lenho maldito, sob o vozerio de uma multidão tresloucada e sedenta por sangue.

Eu fui o único apóstolo que presenciei sua crucificação. Estava ao lado de Maria, sua mãe. Era de partir o coração, contemplar aquela cena. Em momento algum Jesus demonstrou qualquer fraqueza. Ele caminhava para a cruz como um rei caminha para sua coroação. Quando as mulheres de Jerusalém choraram por Ele, repreendeu-as dizendo que deveriam chorar por elas e pelos seus filhos. Quando os soldados o pregaram na cruz, Ele transformou aquele patíbulo de horror num palco para a glória de Deus e num instrumento para a redenção do seu povo. Jesus até mesmo ordenou-me cuidar de sua mãe, o que fiz com muito amor e zelo.

Às três horas da tarde, Jesus expirou, e antes de iniciar o sábado foi sepultado. O mal parecia ter vencido. O sinédrio estava aliviado. Nós, seus discípulos, trancados com medo dos judeus. Porém, no primeiro dia da semana, um fato espantoso aconteceu. O túmulo de Jesus foi aberto de dentro para fora. Ele ressuscitou. Venceu a morte. Entrou nas entranhas da morte, arrancou seu aguilhão da morte, a matou e inaugurou a imortalidade.

Sua ressurreição deixou seus inimigos confusos e aturdidos. Quando as mulheres da Galileia nos informaram que Ele havia ressuscitado e nós corremos e vimos seu túmulo aberto e vazio, fomos tomados de uma alegria indizível. Jesus apareceu para as mulheres da Galileia, depois para nós, e durante quarenta dias Ele ficou conosco, pregando-nos o evangelho do reino e dando-nos a grande comissão.

Ele subiu e o Espírito desceu para ficar para sempre com a igreja. Depois de dez dias de oração unânime e perseverante, fomos batizados com o Espírito Santo e ficamos cheios do mesmo Espírito. Pedro pregou em Jerusalém e num só dia batizamos cerca de três mil pessoas. A igreja estava indo de vento em popa.

O sinédrio judaico tentou nos intimidar açoitando-nos, prendendo-nos, mas agora não tínhamos mais medo de açoites nem de prisões. Nada nem ninguém podia mais deter os passos da igreja cheia do Espírito Santo. Eu me tornei um dos líderes da igreja de Jerusalém ao lado de Pedro. Mais tarde mudei-me para Éfeso, a capital da Ásia Menor. Ali vivi meus últimos dias.

No Império Romano, as coisas estavam indo de mal a pior. Já havia se passado muitos anos desde que César Augusto, Tibério César, Calígula, Cláudio, Nero, Tito Flávio e Vespasiano haviam governado. Agora estava no poder um homem muito mal, Domiciano, uma espécie de Nero redivivo. Esse foi o primeiro imperador a arrogar para si o título de "Senhor e Deus". Foi esse imperador que me deportou de Éfeso para a ilha do mar Egeu, a ilha de Patmos, uma espécie de colônia penal. Seu propósito era calar a minha voz e me separar da igreja tão massacrada e sofrida.

A essa altura todos os meus irmãos, apóstolos, já estavam mortos e todos mortos pelo martírio. Pedro foi crucificado de cabeça para baixo. Paulo foi degolado. André foi crucificado numa cruz com um formato de um X. Tiago, filho de Zebedeu e meu irmão, foi decapitado por ordem de Herodes Agripa I, em Jerusalém. Filipe foi crucificado de cabeça para baixo. Bartolomeu foi esfolado vivo. Tomé foi transpassado por lanças. Mateus foi apunhalado. Tiago, filho de Alfeu, foi apedrejado. Judas Tadeu foi morto a golpes de machado. E Simão, o Zelote, foi serrado ao meio.

Quando eu fui deportado para a ilha de Patmos, por ordem do imperador Domiciano, sua intenção era fechar para mim todas as portas da terra, mas eu entendi que estava naquela ilha por causa da Palavra de Deus e do testemunho de Jesus. Ali, o Jesus glorificado abriu para mim uma porta no céu e me disse: "Sobe para aqui e eu te mostrarei as coisas que em breve devem acontecer".

Na ilha de Patmos, eu vi o Jesus glorificado. Sua cabeça era branca como a neve. Seus pés eram polidos como bronze. Seus olhos eram como chamas de fogo e sua voz era como voz de muitas águas. De sua boca saía uma afiada espada de dois gumes, e seu rosto brilhava como o sol no seu fulgor. Eu caí a seus pés como morto, mas Ele colocou sobre mim a sua mão direita e me disse para não temer, porque Ele era o primeiro e o último, aquele que havia sido morto, mas estava vivo pelos séculos dos séculos e tinha as chaves da morte e do inferno. Ah, que experiência gloriosa!

Na minha visão, eu vi um trono e, assentado no trono, alguém que não ousei descrever, pois sua aparência era como pedra de jaspe e de sardônico. Aquele que estava no trono era eterno, santo e onipotente. Seu trono era cercado de misericórdia e juízo. Ele era o próprio criador do universo. Em sua mão estava um livro escrito por dentro e por fora, selado com sete selos. Aquele livro continha os destinos da História, mas ninguém foi encontrado digno, no céu, na terra, nem debaixo da terra, de abrir o livro nem mesmo de olhar para ele. Eu chorava muito. Parecia que a História estava sem rumo. De repente um ancião deu um grande brado e me mandou parar de chorar, pois o Leão da tribo de Judá, a Raiz de Davi, havia vencido para abrir o livro e desatar os seus selos.

O que vi e ouvi daí para frente foi um oratório musical, no qual as vozes da natureza, dos anjos e da igreja glorificada se misturaram numa exaltação singular ao Deus Todo-poderoso e ao Cordeiro. Compreendi que tudo está debaixo da soberania de Deus. Os homens poderosos são içados ao poder e apeados do poder pelas mãos onipotentes de Deus. As rédeas da História estão nas mãos de Deus e não nas mãos dos reis da terra. Os inimigos do Cordeiro de Deus e da igreja se levantarão apenas para serem consumidos até o fim. A vitória retumbante é de Cristo e de sua noiva.

No fim, o anticristo, o falso profeta, o dragão, a morte, e todos aqueles cujos nomes não estão escritos no livro da vida serão lançados no lago de fogo. A grande meretriz, a Babilônia, que se embriagou com o sangue dos mártires e seduziu as nações com a sua feitiçaria, será julgada e condenada, mas a noiva do Cordeiro é convidada a contemplar e a entrar na cidade santa, a nova Jerusalém, para reinar com o seu Senhor para sempre e sempre. Lá não haverá mais choro, nem pranto, nem dor. Eu vi todas essas coisas. Vi e testifico.

Eu escrevi cinco livros do Novo Testamento: o evangelho, três epístolas e o livro de Apocalipse. No Evangelho, eu deixei claro que Jesus é o Filho de Deus e todo aquele que nele crê tem a vida eterna. Nas Cartas, provei que todo aquele que crê em Jesus pode ter a certeza da vida eterna. Mas no livro de Apocalipse compreendi que Deus é soberano. Ele está no trono e governa o universo.

Você não tem que temer o passado, porque Jesus morreu por você e seu sangue o purifica de todo o pecado. Você não tem que temer o presente, porque Jesus está com você todos os dias, até a consumação dos séculos. Você não tem que temer o futuro, porque Jesus venceu a morte e está vivo pelos séculos dos séculos.

Eu fui o único apóstolo de Jesus que não foi martirizado. Depois que fui libertado da ilha de Patmos, passei meus últimos dias em Éfeso, e então fui morar com o meu Senhor. Eu sou João!

VÁ DIRETO À FONTE

Mateus Mateus 10:2-4; 27:56
Marcos 1:19,20; 3:17; 5:37; 9:2; 10:37; 14:33; 16:1,2
Lucas 9:54; 22:8
João 1:35-37; 13:23; 19:26,27; 20:2; 21:7,20
Atos 3:1; 4:19; 8:14; 15:6
Gálatas 2:9
1João—3João
Apocalipse

Sua opinião é
importante para nós.
Por gentileza, envie-nos
seus comentários
pelo *e-mail*
editorial@hagnos.com.br

Visite nosso *site*:
www.hagnos.com.br

Esta obra foi
composta na fonte
Minion Pro corpo 13
e impressa na
Imprensa da Fé.
São Paulo, Brasil,
Outono de 2021.